THÈSE

POUR LE DOCTORAT

DE L'EXTENSION

DE LA

COMPÉTENCE PÉNALE

DES JUGES DE PAIX

THÈSE POUR LE DOCTORAT

L'ACTE PUBLIC SUR LES MATIÈRES CI-APRÈS
Sera soutenu le jeudi 17 mars 1904, à 1 heure.

PAR

ADRIEN LEROUX

ANCIEN GREFFIER DE JUSTICE DE PAIX
JUGE DE PAIX A MONTMIRAIL (MARNE)

Président : M. JACQUELIN.
Suffragants : { MM. LE POITTEVIN, } *professeurs*
{ GARÇON, }

PARIS

LIBRAIRIE NOUVELLE DE DROIT ET DE JURISPRUDENCE
ARTHUR ROUSSEAU, ÉDITEUR
14, RUE SOUFFLOT ET RUE TOULLIER, 13

1904

À LA MÉMOIRE

DE MON ANCIEN INSTITUTEUR

M. Paul MUZELLE

DE L'EXTENSION

DE LA

COMPÉTENCE PÉNALE DES JUGES DE PAIX

INTRODUCTION

Ce modeste travail nous a été spontanément ins-
piré par la lecture d'une très remarquable et très savante discussion qui eut lieu au rapport de M. le
professeur Garçon entre les membres du barreau, de
la magistrature, du haut enseignement qui composent
la Société générale des Prisons et la Société d'Etudes
législatives réunies en commun pour faire œuvre fé-
conde de science et de pratique.

Nous avons été frappé — on nous pardonnera notre
franchise — de l'inégalité de confiance qui a été ac-
cordée à notre corporation. Aux yeux des uns, et
ceux-là, nous le disons avec quelque tristesse, étaient
les plus nombreux, un seul regret était à formuler :
c'était qu'on ne pût restreindre notre compétence de
toutes façons, et le reproche légèrement voilé d'incapacité notoire s'avérait en termes d'ailleurs d'une

courtoisie remarquable. Aux yeux des autres, on pouvait sans crainte comme sans transition nous ériger en psychologues et sociologues avec mission qui nous honore, mais nous effraie, d'arrêter dans la voie du crime par une bonne parole, par un simple avertissement, ou de menacer plus sévèrement d'une peine qui sera prononcée conditionnellement, ou de flétrir ceux qui sont déjà mûrs pour la prison.

Si nous ne craignions, et pour de trop justes motifs, de nous voir opposer l'exception d'incompétence, nous oserions nous constituer juge en notre propre cause et prétendre que nous ne méritons ni cet excès d'honneur ni cette indignité.

Avant de savoir ce qu'on peut attendre de nous dans l'avenir, peut-être est-il bon de se demander ce que voulaient de nous ceux qui nous ont créés, s'ils ne se sont pas illusionnés dès le début sur ce qu'ils pouvaient en attendre, si nous avons effectivement répondu à cette attente, ce que nous sommes devenus, ce que nous aspirons à devenir. On devine bien que nous demandons à nous étendre ; nous essaierons de dire en quel sens et dans quelle mesure au point de vue pénal.

Il est incontestable que lorsque la Constituante organisa les juges de paix sur le modèle des magistrats pacificateurs de Hollande, ce qu'elle leur demandait, c'était d'être de braves gens chargés de prévenir les procès. Leurs attributions contentieuses étaient à

l'arrière-plan et il leur fallait être l'honnête homme,
l'homme vertueux par excellence : « Il faut, disait
Thouret en présentant le décret organique, il faut
que tout homme de bien, pour peu qu'il ait d'expérience et d'usage, puisse être juge de paix. »

Et l'on voit d'ici le tableau idyllique : on rêvait de
transformer ce bon juge sinon en sage antique, du
moins en quelque manière d'abbé Constantin laïque.
Ses manuels sont demeurés fidèles à la conception
et tracent de lui, avec un lyrisme que le temps et les
transformations profondes qu'il lui a fait subir n'a
pu affaiblir au cours de leurs éditions successives, un
portrait enchanteur que n'eût pas désavoué Jean Jac-
ques décrivant l'homme à l'état de nature : « Le juge
de paix, dit M. Allain dans son *Manuel encyclopédique* (1), est un magistrat de paix et de famille, essentiellement conciliateur ; c'est un père au milieu de
ses enfants et dont les soins constants doivent tendre à
assurer le bonheur de tous. » — « Il remplace, disent
de leur côté MM. Million et Beaume (2), la science
profonde du droit par l'intelligence, la rectitude du
jugement et la droiture du cœur. »

De semblables attendrissements gagnaient encore
— et, disons-le sans détour, ils nous surprennent à

---

(1) *Manuel encyclopédique des juges de paix*, 3ᵉ édit., t. l,
p. 1.
(2) *Dictionnaire général de la compétence des justices de paix*,
4ᵉ éd., t. V, p. 57 et 58.

notre époque — M. le sénateur Monis, à la tribune du Sénat, le 4 décembre 1896 : « Je ne veux qu'un homme de sagesse et d'expérience, un homme de vertu qui puisse faire comprendre à tous que la **paix** est le premier de tous les bienfaits. » M. Tarde lui-même (1), le criminaliste philosophe à la psychologie pénétrante duquel il n'est que juste de rendre hommage, a l'imagination toute séduite à la pensée de restituer aux juges de paix ce pouvoir paternel et pacificateur qui leur a été confié, ne leur a jamais été retiré, mais que, d'après lui, ils négligent de plus en plus et remplissent fort mal. Il rêve un arbitre con ciliateur au civil, un distributeur excellent des indulgences papales de la loi Bérenger au criminel : il lui attribue un rôle paternellement avertisseur au criminel, sagement conciliateur au civil. C'est, on le voit, toute la conception du juge de paix brave homme vertueusement rêvé par l'Assemblée Constituante.

Si l'on s'attache à voir ce que, en fait et dans la réalité, a donné et donne de nos jours une semblable conception, on remarquera que sous les gouvernements qui s'inspirent des idées d'autorité, elle favorise au premier chef l'établissement au canton de ce qu'on est convenu d'appeler une autorité sociale, c'est-à-dire d'un citoyen influent qui s'efforce de réaliser

---

(1) *Bulletin de la Société d'études législatives*, décembre 1903, compte rendu de séance et lettre à M. Saleilles.

le gouvernement du pays par une aristocratie locale.
Et c'est ainsi que sous le gouvernement quasi-aris-
tocratique de la Restauration s'est constituée une
classe de juges de paix, recrutée dans les classes
aisées, de fortune indépendante, pris souvent parmi
les gens riches du pays, exerçant dans le canton une
véritable maîtrise, assurant, grâce à l'arbitraire que
leurs fonctions comportaient, la prépondérance des
classes dirigeantes. Mais cette influence était-elle
accompagnée des lumières nécessaires ? Suffit-il d'ê-
tre une autorité sociale pour avoir la science infuse
et l'expérience de toutes les professions ?

Non, et pour notre part nous ne pouvons que nous
en louer, une pareille conception du rôle du juge de
paix n'apparaît plus possible. Notre brave homme
sera le meilleur des hommes, avec nos mœurs démo-
cratiques ; il n'exercera dans son canton que la plus
modérée de toutes les influences. C'est le pays qui
gouverne le pays, ce n'est pas une aristocratie locale
qui le dirige. Voyons au moins si, de nos jours, ce
brave homme va faire un bon juge de paix.

Ce qu'il va faire ou plutôt ce qu'il fait, car il existe
l'homme d'équité, partisan de toutes les conciliations, fier à défaut de sens juridique de son bon sens
qui est, comme chacun sait depuis Descartes et
même avant, la qualité dont tout le monde se croit
universellement pourvu. Il existe, ce juge brouillé
avec le possessoire comme avec le pétitoire et qui

pratique abondamment la belle opération qui consiste à casser un bras à l'un, une jambe à l'autre et à
renvoyer les deux plaideurs, amputés de leur droits,
parfaitement mécontents. Mais voyons-le d'un peu
plus près et esquissons quelques traits de sa physio-
nomie telle qu'elle nous apparaît à la suite de notre
petite expérience de la magistrature cantonale.

Le juge de paix brave homme, confiant, trop confiant peut-être en son bon sens fera prêter serment
aux parties comme aux témoins et même aux parties
plutôt qu'aux témoins. Cet homme vertueux estimera
qu'il convient avant tout de s'en rapporter à la conscience des plaideurs qu'il aimera à se représenter
façonnés à son image, et, plaçant ainsi chacune des
parties entre son intérêt personnel et la déclaration
de la vérité, il suscitera comme à plaisir les faux té-
moignages. Mais poursuivons. Animé d'une bonne
volonté exemplaire, il reviendra sur ses jugements
dès qu'il s'apercevra de son erreur, donnant ainsi à
l'autorité de la chose jugée une portée vraiment trop
relative. Sa conscience le lui commandera, sa vertu
le lui conseillera. Il se fera donc le propre juge de la
revision de ses décisions, il violera pour le bien la
maxime *judex sententiam suam corrigere non potest*.
Il en violera bien d'autres. Il se déclarera incompé-
tent, mais il ne voudra pas laisser les frais à la charge
du demandeur qu'il présumera dans son droit : sa
vertu ne le souffrirait pas ; qu'est-ce qu'une erreur de

procédure, pensera-t-il, en comparaison du fond du droit ? Et que sera-ce dès qu'il se mêlera de vouloir appliquer les textes de loi ? Il se croira obligé dans tout jugement par défaut, persuadé qu'il fait ainsi une exacte application de l'article 19 du Code de procédure civile (1), à condamner à l'intégralité de la demande. Qui ne dit mot consent, opinera-t-il d'ailleurs vraisemblablement, sans se douter que le défendeur qui sur opposition voudra se faire restituer contre une condamnation injuste ou excessive, comme il arrivera souvent en matière de dommages-intérêts, n'en sera pas moins obligé de supporter définitivement les frais d'enregistrement de la première condamnation ; toute réclamation de sa part se heurterait à ce principe inexorable de droit fiscal, à savoir que tout droit régulièrement perçu n'est pas sujet à restitution.

Bref, il ne saura pas comprendre que le magistrat d'équité n'est pas l'homme qui juge soit en s'abandonnant aux impulsions plus ou moins généreuses de son tempérament personnel soit en se livrant à des considérations rationnelles plus ou moins réfléchies. L'équité a la loi pour guide nécessaire et tout son rôle se borne à adoucir dans l'application les pres-

(1) L'article 19 du Code de procédure civile doit être rapproché de l'article 150 du même Code qui prescrit de n'adjuger le profit du défaut qu'autant que les conclusions de la partie qui le requiert seront « justes et bien vérifiées ». Jurisprudence constante.

criptions rigides d'une loi impersonnelle et égale pour tous. Le premier devoir du magistrat d'équité est de connaître et de respecter la loi. Non, il n'est pas vrai que pour dire le droit il soit inutile de le savoir, et nous sommes vivement surpris de voir un philosophe et un criminaliste de la haute valeur de M. Tarde, qui a si merveilleusement montré, en les aggravant peut-être (1), les inconvénients que présente une justice de sentiment placée au sommet de la hiérarchie judiciaire, venir solliciter que l'on place ce même sentiment, qui se comprendrait plutôt quand des passions ardentes se disputent la tête d'un homme, qu'on place ce même sentiment à la source paisible et tranquille d'où le droit jaillit à sa naissance. Aussi sommes-nous particulièrement heureux de nous recommander de la haute autorité théorique et pratique de M. Cruppi : « Nous ne voyons pas, dit-il, pourquoi un ignorant se montrerait plus capable de concilier qu'un homme instruit. Plus un juriste a d'expérience, mieux il sait qu'un arrangement, même médiocre, vaut mieux qu'un procès, même excellent. Dira-t-on que l'ignorant est bien forcé de concilier parce qu'il ne sait pas juger ? Osera-t-on prétendre que le chiffre actuel des conciliations s'explique par l'impéritie de certains magistrats ? Cette assertion serait assurément inexacte, et si elle avait par mal-

---

(1) Tarde, *Philosophie pénale*, 4e édit., p. 443 à 449.

heur quelque fondement, on y verrait assurément le
meilleur des arguments en faveur de la réforme. Car
autant a de prix la conciliation opérée par un homme
intelligent et instruit, autant est dangereuse la conciliation de hasard imposée à tort et à travers par
un incapable qui n'a du magistrat que la robe et le
traitement » (1).

Ces aspirations sont, nous le savons, celles auxquelles obéit actuellement, sous l'impulsion d'une
volonté directrice très résolue, notre Chancellerie.
Elle ne veut pas que les humbles qui ont de petits
procès aient une justice qui, sous couleur d'être paternelle, risquerait d'être arbitraire. Elle veut que le
juge de paix sans doute soit un magistrat conciliateur, mais elle veut aussi qu'il concilie en connaissance de cause et que si la conciliation est impossible,
il soit à même de dire le droit, et comment le dirait-
il s'il l'ignorait ?

Selon nous, donc, il faut faire du juge de paix dans
la mesure du possible un homme de science et d'é-
tude.

Au surplus, sous la haute impulsion de la Chancellerie, de sensibles progrès en ce sens ont été
réalisés. On se préoccupe en fait de plus en plus,
dans le choix des juges de paix, de leurs aptitudes
techniques, bientôt elles seront légalement exigées.

(1) N° 773, Ch. des députés, session de 1903, Annexe au procès-
verbal de la séance du 25 février 1903, rapport Cruppi, p. 12.

Et ainsi le juge de paix devient de plus en plus le régulateur rapide, commode et peu coûteux de la vie juridique cantonale.

Dès 1791, sa compétence s'étend. La loi du 25 mai 1838 augmente dans des proportions notables son champ d'action. Une loi du 2 mai 1855 continue le mouvement ascensionnel. Il serait fastidieux et hors de notre sujet d'énumérer toutes les lois qui depuis 1838 et tous les projets qui depuis 1864 augmentent ou tendent à augmenter sa compétence. Comment cependant ne pas citer la loi du 12 janvier 1895 sur la saisie-arrêt des salaires et petits traitements et la loi du 9 avril 1898 concernant les responsabilités des accidents dont les ouvriers sont victimes dans leur travail ?

En augmentant ainsi les attributions du juge de paix, la loi ne fait.qu'obéir à la nécessité d'une sage déconcentration que commande pour éviter l'embarras, les lenteurs et les frais, la complexité qu'imposent aux fonctions judiciaires l'infinie multiplicité et la réglementation toujours plus précise des rapports sociaux.

Et quelle plus heureuse déconcentration, quelle meilleure simplification du mécanisme juridique que celle qui résulte du transfert au juge de paix, devenu l'âme du gouvernement cantonal, d'une partie des attributions de la juridiction des tribunaux d'arrondissement ?

Mais, du coup, les connaissances juridiques lui deviennent indispensables. Veut-on me permettre un exemple? Un accident du travail occasionne à un ouvrier une incapacité permanente ou susceptible de le devenir. Celui-ci forme une demande d'indemnité journalière. La Compagnie d'assurances, subrogée au patron responsable ou tout au moins agissant comme mandataire de ce dernier, oppose un déclinatoire d'incompétence. Il s'agit, prétend-elle, l'incapacité étant permanente ou susceptible de le devenir, d'une affaire de la compétence du tribunal civil. Voilà déjà un point fort difficultueux. Mais à supposer que le juge de paix se déclare compétent, quelle est l'étendue de la période durant laquelle il doit attribuer l'indemnité journalière ou de demi-salaire? Qu'est-ce que la consolidation de la blessure? A quelle époque se place-t-elle (1)? *Quid* au cas d'hospitalisation? Faut-il décider, en ce cas, que déport sera fait entre les frais médicaux et pharmaceutiques d'un côté, les frais de nourriture, de logement et d'entretien de l'autre et qu'imputation de ces derniers sera opérée sur l'indemnité journalière ou de demi-salaire? ou bien, au contraire, faut-il décider que les frais d'hospitalisation forment un tout indivisible dû par

---

(1) Elle se place, d'après l'opinion générale, « au jour où l'étendue et l'importance de l'incapacité du travail peuvent être immédiatement déterminées et définitivement fixées ». (Trib. du Havre, 11 janvier 1901, *R. A.*, p. 221).

le patron ou son assureur sans aucune déduction possible sur l'indemnité journalière ? (1).

On voit par ce seul exemple la nécessité toujours croissante de la connaissance du droit par nos juges de paix. Et si nous avons tant insisté, c'est qu'en réalité, en démontrant l'obligation où il est, s'agissant d'intérêts d'affaires, de présenter aux justiciables de suffisantes garanties contre l'arbitraire de ses décisions, il nous semble avoir *a fortiori* démontré qu'il était impossible, s'agissant de la liberté et de l'honneur de ses semblables, de lui faire jouer un rôle de distributeur d'indulgence et de sévérité, au gré de son sentiment personnel (2).

On nous avait dit : il est conciliateur au civil, rendez-le arbitre au criminel. Nous avons tenu à répondre : même au civil, il est nécessaire qu'il soit, autant

---

(1) Voir sur tous ces points, Trib. de Nancy, 2 juillet 1900, confirmé par la Cour de Nancy, 28 novembre 1900, *R. A.*, 1901, p. 10 ; Cour de Caen, 25 juin 1901, *R. A.*, p. 292 ; avis du Comité consultatif du 10 janvier 1900 ; *Suppl. à tous les Codes*, 1550, n° 3 ; *Moniteur des juges de paix*, février 1903, p. 75 ; *Bulletin des décisions des juges de paix*, septembre 1903, p. 228 ; etc.

(2) Il ne faut pas oublier d'ailleurs qu'indépendamment de sa compétence propre, le juge de paix agit, en matière pénale, soit comme auxiliaire local du procureur de la République, soit comme délégué du juge d'instruction et qu'en cette qualité c'est lui qui est chargé la plupart du temps de procéder aux premiers interrogatoires des prévenus, recueillir les dépositions des témoins, faire toutes perquisitions nécessaires, présider en un mot à toute cette procédure écrite dont l'influence sera si grande soit devant la Cour d'assises, soit devant le tribunal correctionnel.

que possible, un bon juriste. Va-t-on lui laisser les
coudées franches quand l'exercice de son prétendu
bon sens naturel compromettrait non plus seulement
la fortune, mais l'honneur et la liberté de ses justiciables ?

Et l'Assemblée Constituante et le Code de 1810
avaient merveilleusement compris, malgré leur en-
gouement pour le juge d'équité naturelle, qu'il fallait
empêcher au criminel cet arbitraire du juge devant
lequel on ne reculait pas au civil.

Ils ne lui avaient pas laissé, sauf d'infimes excep-
tions, la prérogative de réprimer l'atteinte portée au
droit d'autrui, l'infraction fondée sur l'illégalité in-
trinsèque de l'acte ; ils l'avaient cantonné dans le domaine du droit répressif fondé exclusivement sur les
ordonnances ou interdictions de l'autorité. Ce qui
convient aux contraventions, c'est une justice rapide,
s'exerçant sur place et rendue plus efficace par la
multiplicité des juges locaux et l'accroissement de
leurs pouvoirs.

Il ne faut, en principe, confier au juge de paix que
celles des infractions qui ne sont que de pures désobéissances à des prescriptions réglementaires intéressant la vie régionale. Mais au moins faut-il les lui
confier toutes. Et c'est ce que la loi n'a pas fait. Beaucoup de contraventions, nous le verrons, beaucoup
d'infractions qui n'ont d'autre gravité que d'apporter
le trouble dans le fonctionnement de la vie cantonale

sont déférées à tort au tribunal correctionnel. Il faut les rendre au juge de paix. La jurisprudence l'a merveilleusement compris et a tenté dans la mesure du possible de restituer leur véritable qualification avec les conséquences qui en découlent à de prétendus délits qui n'étaient que des contraventions. Ses efforts ont échoué : la loi était formelle. La réforme ne peut émaner que du législateur. Il faut donner à la contravention un domaine qui lui soit propre, et ce sera tout l'objet de ce travail que d'essayer d'en délimiter l'étendue. Nous demanderons que les infractions matérielles — non pas toutes, mais celles-là seulement qui forment obstacle au bon gouvernement du canton — ressortissent à la compétence de celui qui doit être l'âme du gouvernement cantonal, ressortissent au juge de paix.

Mais, pour l'instant, nous voulons faire abstraction de nos idées propres, tâcher de nous pénétrer des idées différentes qui animent les auteurs des projets de réforme. Nous sommes d'accord avec eux sur un point. Il faut étendre la compétence pénale des juges de paix.

Voyons, selon eux d'abord, selon nous ensuite, comment il convient de réaliser cette réforme.

CHAPITRE PREMIER

Retenons seulement, pour l'instant, de l'exposé qui vient d'être fait un seul point que nous considérerons comme une vérité acquise : il importe de grandir le rôle et d'accroître l'influence de notre corps de juges de paix. Un corollaire nécessaire découle de cette proposition : il convient d'assurer avec soin leur recrutement, afin de leur permettre de remplir avec une compétence pleine et entière leur rôle nouveau et plus important. C'est là un point de fait absolument essentiel ; mais ce n'est pas ici le lieu d'examiner à quelles conditions ce recrutement plus parfait pourrait être assuré. Encore convient-il de ne pas exagérer les réelles défectuosités (mais quelle institution n'a pas les siennes ?) de leur recrutement actuel et de rendre un hommage mérité aux efforts tentés par M. le député Cruppi pour en réaliser l'amélioration sagement progressive. Aussi bien de trop grandes exigences finiraient-elles par prendre l'allure d'une fin de non-recevoir à toute réforme : vouloir de l'homme la perfection, c'est paralyser son action. Et nous ne pouvons mieux faire, pour ne pas perdre une confiance que nous souhaiterions communicative, que de répéter les paroles virilement encourageantes de M. le professeur Saleilles (1) : « S'il y a une nécessité sociale à constituer cette juridiction cantonale, commençons par la faire fonctionner — car avant tout, dans la vie, il faut agir — et, une fois qu'elle fonctionnera, tout le monde sera à même de voir les vices de son fonctionnement et les remèdes qu'il appelle. »

Il faut la faire fonctionner. Mais dans quel sens convient-il de la faire fonctionner ? MM. Cruppi et Garçon répondent tous deux (et confessons bien vite la hardiesse que nous aurons de contredire avec une témérité qu'ils voudront bien excuser en l'attribuant à notre inexpérience), MM. Cruppi et Garçon répondent tous deux : en faisant pénétrer certaines infractions qualifiées délits dans la classe des contraventions. Nous essaierons de répondre : en établissant, au contraire, entre le délit et la contravention une barrière aussi infranchissable que possible.

Mais si MM. Cruppi et Garçon sont d'accord sur le sens de la réforme à introduire, il s'en faut de beaucoup qu'ils le soient sur les voies et moyens à employer à la réaliser.

M. Cruppi, et lui-même prend soin de nous en prévenir, se place à un point de vue exclusivement pratique et s'attire de ce chef, de la part de M. le professeur Garçon, un reproche clairement formulé

(1) *Revue pénitentiaire, Bulletin de la Société générale des Prisons*, année 1903, n° 7, p. 1066.

d'empirisme. M. Garçon procède, lui, par voie de
systématisation doctrinale et lui aussi prend soin de
nous en avertir à trois reprises différentes : « C'est
un système qui a été conçu pour prendre place dans
une revision générale de nos lois criminelles vieillies... Je ne l'ai point conçu pour être lié à une question de compétence... Dans ma pensée, c'était une
réforme de fond qui devrait trouver place dans une
revision générale des lois criminelles vieillies...»(1).
Voilà des déclarations qui sont bien faites pour nous
autoriser à une hardiesse respectueuse dans notre
étude critique : quoi d'étonnant à ce qu'un projet
conçu dans un esprit différent de l'esprit de notre
législation actuelle éprouve quelque difficulté à
s'adapter à elle ? Excusons par avance la vivacité
possible de quelques observations. Elles s'adresse-
ront, non pas au projet même de M. Garçon, mais
aux difficultés qu'il pourrait éprouver à pénétrer
dans une législation pour laquelle il n'était pas fait.
Abordons immédiatement l'examen séparé de l'une
et l'autre proposition : nous ferons de chacune, en
deux paragraphes distincts, l'exposé et la critique.

§ 1er. — Proposition de loi de M. Cruppi.

Nous commencerons par l'étude de la proposition

____

(1) *Revue pénitentiaire, eod. loc.*, p. 995, 1009 et 1027.

de loi de M. Cruppi approuvée par une Commission législative et soumise à la Chambre des députés.

Un court historique des travaux législatifs nous permettra de mieux comprendre l'étendue et la portée de la réforme qui se présentera alors comme l'aboutissant naturel d'un mouvement que l'opinion parlementaire avait depuis longtemps esquissé dans la direction même que suit avec fermeté la proposition de loi de M. Cruppi. Il faut convenir cependant que, tandis que les propositions de loi relatives à l'extension de la compétence civile des juges de paix recevaient du Parlement un accueil de jour en jour plus favorable (1), les propositions relatives à l'ex-

(1) Peut-il en être autrement? L'exemple suivant fera comprendre l'urgence de la réforme. Un boulanger, ou plus généralement un commerçant quelconque, a une créance de 250 ou 300 francs contre un client. C'est là, au cours actuel des marchandises, une créance normale et tout commerçant, même diligent, peut se laisser aller à un crédit de cette importance. Que va-t-il arriver si notre créancier est obligé de recourir à la justice ? Son embarras sera grand. Assigner son débiteur devant le tribunal civil, constituer avoué, confier sa défense à un avocat, mais c'est augmenter la créance de 100, 150 ou 200 francs, et peut-être davantage s'il y a lieu à expertise, vérification de registre, enquête ou autre mesure d'instruction ? Porter l'affaire devant le juge de paix ? Mais celui-ci n'est compétent, pour les affaires personnelles ou mobilières, que jusqu'à concurrence d'une somme de 200 francs. Il lui faudra donc, s'il veut avoir un titre susceptible d'exécution ou tout au moins ne permettant pas à un débiteur de mauvaise foi d'invoquer ultérieurement la prescription, faire le sacrifice de tout l'excédent de la créance sur le chiffre trop faible de 200 francs, se contenter de réclamer à son débiteur cette somme de 200 francs. Beaucoup de commerçants, pour cacher ce stratagème, s'arrangent même pour ne présenter

tension de leur compétence pénale étaient toujours et toutes accueillies avec un certain malaise ; et de ce malaise même, l'auteur de la proposition actuelle indique avec une parfaite justesse de vue la cause lorsqu'il nous dit (1) : « Une réforme scientifique n'était pas possible : la distinction entre le délit et la contravention est purement arbitraire. » Toute la question est là. Nous l'avons déjà dit et nous le redirons bien des fois sans craindre la monotonie : ce n'est qu'en établissant entre la contravention et le délit une démarcation tranchée qu'une réforme scientifique pourra être réalisée. Tout notre effort tendra à prouver le caractère rationnel et nécessaire de cette démarcation.

Avons-nous besoin de dire combien nous sommes heureux de pouvoir nous abriter derrière la haute autorité de M. Cruppi ? Hâtons-nous d'en revenir à l'historique de la réforme qu'il nous propose en l'état actuel de notre législation. Rappelons d'un mot que le juge de paix, juge de simple police, connaît des infractions que la loi punit des peines de police et que l'article 1er du Code pénal appelle des contraventions par opposition aux délits qui sont de la com-

qu'une note de 199 fr. 50 ou 199 fr. 75. Voilà les conséquences auxquelles on aboutit avec une compétence aussi restreinte de nos juges de paix : un déni de justice ou le sacrifice d'une partie de la créance !

(1) N° 773. Ch. des députés, session de 1903, annexe au procès-verbal de la séance du 25 février 1903, rapport Cruppi.

pétence du tribunal correctionnel. C'est à raison
de la peine édictée qu'une infraction devient une
contravention ou un délit : aucun critérium certain
et scientifique n'est donné par la loi pour distinguer
la contravention du délit. Une infraction est une
contravention quand elle constitue un fait prévu par
la loi pénale et puni par elle d'une amende de 1 à
15 francs ou d'un emprisonnement de 1 à 5 jours (1).

On s'est depuis longtemps demandé en France si
les juges de paix ne pourraient pas, outre les contraventions, avoir une compétence pénale sur certains
délits. MM. Cazot et Martin Feuillée dans leurs projets de 1881 et de 1883 proposaient d'attribuer compétence aux tribunaux de police pour un certain
nombre d'infractions qui, quoique punies de peines
supérieures aux peines de simple police, étaient con-
sidérées comme ne comportant pas un caractère
afflictif ; telles sont les lois sur les contributions indirectes, sur la pêche, la chasse, les octrois, les postes,
la navigation, le roulage, la police des chemins de
fer, le recensement des chevaux, les réquisitions
militaires.

Des dispositions analogues se retrouvaient dans
la proposition déposée par M. Deluns-Montaud, le

____

(1) A noter toutefois que la loi du 21 juillet 1881 sur la police
sanitaire des animaux donne au juge de police, dans son article
34, par une dérogation jusqu'alors sans exemple, le pouvoir de
prononcer une amende s'élevant jusqu'au taux de 200 francs.

8 février 1883. M. Goblet, dans son rapport déposé au nom de la Commission, le 23 juillet 1881, s'était prononcé pour une certaine extension de la compétence pénale, mais la Commission nommée par la Chambre de 1881 et au nom de laquelle M. Ferdinand Dreyfus déposait le rapport du 4 février 1884, sans condamner irrévocablement l'idée d'une extension de la compétence pénale des juges de paix, estimait que le moment n'était pas venu de réaliser cette réforme. Les raisons qu'elle invoquait contre cette partie de la proposition ont pesé sur les auteurs des projets postérieurs qui sont restés muets sur l'extension de la compétence pénale. Cependant notre question fut reprise au cours de la délibération sur l'extension de la compétence des juges de paix qui eut lieu à la Chambre en 1891 et M. Darlan, dans la discussion générale du 17 juillet 1891, soutint la réforme. MM. Pontois et Dubois, dans la séance du 21 février, proposèrent par voie d'amendement d'attribuer aux juges de paix la connaissance de certains délits déterminés.

Un débat fort intéressant s'engagea à ce sujet ; la plupart des orateurs se déclarèrent partisans en principe de l'extension de la compétence pénale (1),

(1) Il est même fort intéressant pour la thèse que nous nous proposons de soutenir dans notre seconde partie de remarquer dès maintenant que M. Darlan émit au cours de la discussion l'idée d'une réforme d'ensemble substituée à cette réforme étroite et limitée et tendant à séparer nettement la contravention d'avec

mais ce n'était pas par voie d'amendement et en l'absence de toute élaboration préalable qu'une telle réforme pouvait être opérée. La Chambre écarta l'amendement. C'est en cet état de la question que la Commission de réforme judiciaire, après un examen approfondi de la proposition déposée par M. Cruppi le 25 février 1903 et après avoir entendu le Garde des Sceaux et le directeur des affaires criminelles, résolut d'admettre dans une certaine mesure l'extension de la compétence pénale des juges de paix. Les juges de paix deviennent compétents pour connaître en sus des contraventions de certains délits déterminés dont voici la liste exacte :

Les articles 249, 257, 311 § 1er, 314, 445 à 451, 456, 458 et 478 § 2 du Code pénal ;

Le titre 2 du décret du 26 septembre-6 octobre 1791 sur la police rurale ;

La loi du 15 avril 1829 sur la pêche fluviale ;

L'article 11 de la loi du 3 mai 1844 sur la police de la chasse ;

L'article 5 de la loi du 27 prairial an IX, les articles 6 et 8 du décret du 24 août 1848 et l'article unique de la loi du 16 août 1849, les articles 5 et 9 de la loi du 4 juin 1859, l'article 9 de la loi du 25 jan-

---

le délit. Dans le même ordre d'idées, MM. Cazot et Martin Feuillée reconnaissaient la nécessité d'attribuer aux tribunaux de police la connaissance des infractions ne comportant pas un caractère « afflictif ».

vier 1873 et l'article 4 de la loi du 18 avril 1898 relatifs aux contraventions postales ;

L'article 1er de la loi du 19 juillet 1845 sur la vente
des substances vénéneuses ;

Les articles 6, 8, 10 et 11 de la loi du 30 mai 1851
sur la police du roulage et des messageries publiques ;

Les articles 4, 8 et 10 de la loi du 17 juillet 1880
sur les cafés, cabarets et débits de boisson ;

Les articles 30 à 36 de la loi du 21 juillet 1881 sur
la police sanitaire des animaux ;

L'article 5 de la loi du 15 novembre 1887 sur la
liberté des funérailles ;

L'article 3 de la loi du 8 août 1893 relative au séjour des étrangers en France et à la protection du
travail national ;

Les articles 4 et 5 de la loi du 22 juillet 1896 relative aux pigeons voyageurs ;

L'article 2 de la loi du 15 février 1898 relative au
commerce de brocanteur.

Mais comment donc M. Cruppi est-il parvenu à
composer cette liste de délits actuellement soumis
aux tribunaux de police correctionnelle et qu'il propose de faire rentrer dans la compétence des juges de
paix ? Lui-même prend soin de nous en prévenir
dans son rapport précité (1). Il s'est placé à un point

(1) P. 35.

de vue exclusivement pratique, il a passé en revue
toutes les infractions prévues au Code pénal ou par
des lois spéciales et indiqué toutes celles qui lui ont
paru susceptibles d'être jugées par nos juges de paix.
Dans ce choix de délits, il s'est laissé guider, nous
dit-il, par trois sortes de considérations ; il s'est atta-
ché en premier lieu à la peine encourue ; il a recher-
ché en second lieu, à l'aide de la statistique, le nombre
d'infractions relevées annuellement et le résultat des
poursuites ; il s'est enfin efforcé d'y placer des délits
qui ne comportaient pas ou presque pas d'instruction
préparatoire.

On peut être à bon droit surpris de ne pas rencontrer, parmi les éléments qui lui ont servi à cette détermination de délit susceptible de rentrer dans la
sphère de compétence du juge de paix, la division
des infractions en infractions intentionnelles ou non
intentionnelles. Car, s'il est vrai, comme le dit excellemment M. le professeur Garraud (1) « que les contraventions qui sont de la compétence du juge de
paix ont pour objet d'assurer l'ordre, la sécurité et
la commodité des habitants, si ce sont des infractions
de pure création politique dans lesquelles il n'y a pas
à rechercher l'intention de l'agent », comment
M. Cruppi peut-il avoir omis de faire rentrer dans la
compétence du juge de paix celles de ces infractions

(1) *Traité théorique et pratique de droit pénal français*, t. V,
liv. II, nº 739, p. 709.

non intentionnelles, celles de ces contraventions qui
se trouvent soumises à la juridiction des tribunaux
correctionnels, par cette raison tant soit peu arbitraire, qu'elles sont passibles d'une peine supérieure
au taux des peines de simple police ? La vérité est
qu'avec son sens pratique et juridique si aiguisé, M.
Cruppi a pris cette division en très grande considération quand il s'est agi de confier aux juges de paix le
soin de connaître de nouvelles infractions. Il suffit
pour s'en convaincre de parcourir la liste que nous
avons relevée plus haut et de constater que la plupart
des infractions qui y figurent sont précisément des
infractions non intentionnelles et qui rentrent comme
telles, normalement, sous la juridiction d'un juge
chargé de réprimer les violations des lois de police.
Mais pourtant il faut bien convenir que dans cette
liste figurent aussi des infractions (certains délits ruraux comme l'abatage ou la mutilation d'arbres et
les coups et blessures ou autres violences n'ayant pas
occasionné une incapacité de travail de plus de
20 jours), qui revêtent un caractère nettement inten-
tionnel et peuvent même dénoter chez l'agent une
réelle perversité, et c'est ainsi que M. Cruppi est
amené à soumettre à la juridiction du juge de paix
des infractions qui permettent à celui-ci d'infliger
jusqu'à 2 et 5 ans de prison et même, s'il s'agit d'un
récidiviste, jusqu'à 10 années d'emprisonnement. Et
voilà du coup le juge de paix chargé d'apprécier cette

question d'intention si délicate en droit et en fait, chargé de tenir compte de l'intime perversité de l'agent, investi d'un pouvoir qui dépasse certainement et de beaucoup les pouvoirs qu'entendaient lui conférer et l'Assemblée constituante et le Code pénal de 1810. On l'a dit fort heureusement, le juge de paix devient alors un sous-juge correctionnel, son tribunal devient une annexe de la police correctionnelle, et comme il n'avait pas été organisé pour remplir cette fonction, comme il est fait pour être un tribunal de police et non un tribunal de correction, il se trouve ne pas présenter les garanties désirables, étant destiné à remplir d'autre besogne.

Sans doute M. Cruppi déclare que, réserve faite de la compétence, les règles des juridictions correctionnelles seront suivies. Mais (1) supposons qu'il y ait lieu à l'ouverture d'une instruction ; cette hypothèse n'a rien d'invraisemblable ; la pratique quotidienne saisit les juges d'instruction d'inculpations de coups et blessures. Il peut n'y avoir pas eu, même à la suite d'une rixe sanglante, incapacité de travail de plus de 20 jours. Il faudra démêler les responsabilités individuelles, rechercher les tentatives qui devront être qualifiées meurtres si l'intention homicide est établie: on devine les difficultés de compétence. Et même,

(1) Ces critiques du système de M. Cruppi sont presque textuellement empruntées au magistral rapport de M. le professeur Garçon, *Revue pénitentiaire*, juillet-octobre 1903, n° 7.

sans supposer ces complications, comment l'affaire
pourra-t-elle être utilement soumise au juge de police, comment fera-t-on si l'inculpé est détenu pré-
ventivement dans la prison du chef-lieu d'arrondissement? Il va falloir l'en extraire et le déférer au
canton pour le faire condamner, et si le juge remet
l'affaire à huitaine, ou si elle occupe plusieurs audien-
ces, ou s'il y a plusieurs inculpés? On voit quelles
complications sont possibles dans l'administration
de la justice répressive.

Et ce n'est pas seulement en cours d'instruction,
mais c'est encore et surtout à l'audience que les plus
graves inconvénients apparaissent. La juridiction de
simple police n'étant faite que pour réprimer des
manquements à des prescriptions légales, non pas
pour trancher des questions d'où dépendent l'honneur et la liberté des citoyens, n'a pas dû recevoir la
même organisation protectrice de la liberté indivi-
duelle ou de la défense sociale que la juridiction correctionnelle ou que la Cour d'assises. Le ministère
public y est rempli par un commissaire de police ou
par un maire. On se plaint déjà de l'insuffisance de
cette organisation quand il s'agit d'infractions non
intentionnelles ; avec quelle évidence n'apparaîtrait-
elle pas si l'on chargeait un simple maire de village,
voire un maire de chef-lieu de canton, de la tâche
entre toutes difficile de soutenir la prévention dans
une cause importante? M. Cruppi a bien senti la gra-

vité de l'inconvénient que présentait cette insuffisance de la garantie du ministère public ; aussi cherche-t-il à y obvier en donnant au procureur de la République le droit de citation directe. Mais il convient de ne pas oublier que le procureur de la République est le supérieur hiérarchique direct du juge de paix. En tout cas, on ne peut songer à confier au procureur de la République (et M. Cruppi n'y a effectivement pas songé) le soin de soutenir l'affaire à l'audience par lui-même ou par l'un de ses substituts, et c'est le maire qui sera la plupart du temps chargé de cette attribution qui est bien la plus délicate des fonctions des magistrats du parquet.

Si la sécurité sociale est mal assurée par suite de l'organisation rudimentaire du ministère public, les droits de la défense ne pourront jamais être sérieusement assurés par cette excellente raison qu'il n'y a point de barreau auprès des tribunaux de simple police, ou plutôt ces droits ne seraient garantis que pour les riches. Celui qui pourrait payer les honoraires d'un avocat, honoraires nécessairement assez élevés puisqu'il faudrait que cet avocat se déplaçât, serait défendu ; le paysan moins fortuné, le journalier qui n'a que son salaire, seraient privés de défense.

Si l'on se tourne du côté du juge, on ne le trouve guère mieux armé pour remplir une fonction à laquelle dans la pensée de la loi il n'était pas destiné. C'est un juge unique et rapproché de ses justiciables :

voilà qui est parfait quand il s'agit de maintenir l'ordre extérieur dans un canton ; étant obligé de prendre seul sa décision, il est obligé de faire dans l'exercice d'une fonction quasi-administrative preuve
d'autorité, il est obligé d'assumer une responsabilité.
Mais si on lui confère la mission autrement inquié-
tante de rendre une décision qui peut déclasser, en
le notant d'infamie, un citoyen, on comprend dès
lors que s'agissant non plus d'une œuvre de police
qui demande de l'initiative et de la décision, mais
d'une œuvre morale qui nécessite avant tout de la
réflexion, de la perspicacité et de la prudence, on
doive lui éviter, dans son intérêt et dans celui de la
justice, ce tourment du doute que doit ressentir tout
homme chargé de juger son semblable. Aujourd'hui,
l'individu condamné est un homme qui a eu pour
juge, d'abord les trois membres du tribunal et ensuite cinq conseillers : il y a là des garanties de sagesse qui n'ont rien d'excessif et qu'on ne doit pas
diminuer.

Le juge de paix est rapproché des justiciables et
c'est tout avantage quand il s'agit d'infractions qui
n'incriminent en rien la moralité du contrevenant ;
il est trop légitime alors que les lenteurs, les dépla-
cements et les frais soient évités au justiciable. Mais
quand il s'agit d'un procès qui met en jeu l'avenir
social et la réputation du délinquant, d'un procès qui
a peut-être suscité des haines et irrité des passions,

n'est-il pas à craindre qu'il ne puisse être jugé sur place avec le calme et l'impartialité qui sont ici tout particulièrement nécessaires. Plus le milieu est restreint, plus les passions sont ardentes parce qu'elles revêtent un caractère très accusé de personnalité. En résumé, à correctionnaliser ainsi le tribunal de simple police, on lui fait jouer, selon nous, un rôle auquel il n'est pas destiné et nous avons peine à croire qu'il existe, sinon un courant d'opinion parlementaire, du moins un véritable courant d'opinion publique en faveur d'une réforme qui tendrait à faire du juge de paix un sous-juge correctionnel. Seulement il importe, pour atténuer ce que ces critiques pourraient avoir d'un peu vif, de bien remarquer que la proposition de M. Cruppi échappe presque tout entière à un reproche de cette nature ; la plupart des infractions qu'il contraventionnalise méritent de l'être, n'étant que des infractions de police. Ce n'est qu'aux délits ruraux les plus graves, comme par exemple ce délit qui dénote une perversité sournoise et paysanne très dangereuse, le délit de mutilation d'arbres (1), qui peut causer à un propriétaire un dommage fort grave et pour plusieurs années irréparable, que l'extension de compétence nous apparaît injustifiée.

Qu'on se souvienne de la lutte dramatique dont

____

(1) Ce délit est heureusement fort rare.

Balzac, dans son roman *Les Paysans*, nous a retracé les saisissants épisodes, et l'on se convaincra du caractère nettement antisocial que peuvent revêtir certains délits inspirés par l'esprit de vengeance et de haine étroite qui peut animer les gens du village. Encore, même parmi ces délits ruraux, comme nous le verrons plus amplement, une sélection est-elle à faire entre ceux qui dénotent une méchanceté réelle et ceux qui n'ont d'autre caractère que celui d'infraction à la police rurale.

De même, si nous avons reproché à M. Cruppi d'avoir fait rentrer dans la catégorie des infractions soumises à la juridiction du juge de paix les délits de coups et blessures prévus par l'article 311 du Code pénal, ce n'est pas à dire, nous le verrons, que l'idée qui l'inspirait ne puisse, restreinte dans son champ d'application, fournir des données utiles pour une contraventionnalisation.

En résumé donc, sauf pour deux infractions, la proposition de M. Cruppi réalise une amélioration notable et même, pour ces deux infractions, elle fournit d'utiles indications pour des améliorations nouvelles. Nous ne pouvons cependant nous empêcher d'exprimer le regret qu'il n'ait pas été donné suite aux desiderata formulés par M. Darlan en 1891 à la Chambre des députés : « J'aurais voulu, disait-il le 17 février 1891, qu'on nous proposât une réforme d'ensemble au lieu d'une réforme étroite et limitée, notamment qu'on confiât aux juges de paix et qu'on enlevât aux tribunaux l'appréciation de certains faits plutôt contraventionnels que délictueux. » C'est cet essai de réforme dont nous essaierons dans ce travail d'indiquer au moins l'esquisse.

Mais il nous faut auparavant étudier la très ingénieuse construction théorique que M. le professeur Garçon a savamment développée dans la séance de la Société des Prisons du 18 juin 1903 et expliquer les raisons qui nous empêchent, malgré toute l'autorité qui s'attache au nom de son auteur, de nous y rallier.

§ 2. — Système de M. le professeur Garçon.

M. Garçon prend pour point de départ de son système une distinction unanimement adoptée par les criminalistes de toutes les écoles, mise en pratique depuis longtemps par la législation anglaise, accueillie avec une faveur de plus en plus marquée par les législations pénales modernes — notre loi Bérenger en est l'expression la plus parfaite — distinction qui consiste à séparer le délinquant accidentel, primaire ou d'occassion d'avec le délinquant habituel. Quel point de départ plus ferme adopter que celui d'une sélection à opérer entre les délinquants qui méritent indulgence et les délinquants auxquels la loi pénale réserve toutes ses sévérités ?

Et si l'on parvient à déterminer avec une précision suffisante une classe de délinquants qui, sans conteste aucun, sont dignes d'être traités avec une pitié secourable, quelle juridiction pourrait être mieux appropriée à ce besoin de clémence que la juridiction toute paternelle et de conciliation d'un magistrat d'équité ?

Sans doute, s'il est possible, M. Garçon le croit, et nous avons la hardiesse de n'être pas de son avis, de déterminer *a priori* et sans examen des cas particuliers, une classe de délinquants qui très certainement seraient dignes d'une juridiction d'indulgence, quelles que soient les circonstances dans lesquelles ils se soient rendus coupables, très certainement aussi l'idée de confier aux juges de paix le soin de leur donner un premier avertissement salutaire en les prévenant qu'en cas de récidive un traitement de rigueur leur est réservé, apparaîtra très souhaitable.

M. le professeur Garçon s'ingénie à multiplier les précautions pour arriver à constituer cette catégorie de délinquants de tout premier ordre qui comprendrait ceux à qui un législateur pourrait dire : « Vous constituez une classe privilégiée, nous vous donnerons un juge qui sera pour vous un magistrat avertisseur. Nous vous soustrairons à la note d'infamie qui s'attache à ceux qui ont comparu sur les bancs de la police correctionnelle. Nous vous éviterons la flétrissure sociale, mais prenez-y garde, car la moindre rechute autorisera l'application à votre encontre de régimes d'autant plus rigoureux que vous aurez abusé de l'indulgence qui vous aura été témoignée. »

Nous ne nions pas tout ce qu'un pareil système présente d'heureuse ingéniosité ; essayons de suivre dans les détails l'application très étudiée et très savante qu'en a tentée M. le professeur Garçon et nous nous efforcerons par après de montrer que si malgré tout le système n'apparaît pas susceptible d'une mise en œuvre vraiment pratique, c'est qu'en vérité la création *a priori* de cette classe privilégiée était, nous tâcherons de le montrer, selon nous, irréalisable.

I. Exposé du système. — Pour parvenir à la constitution de ce groupe de délinquants dont on puisse dire rien qu'en les voyant : « Ceux-là méritent indulgence », M. Garçon exige de ces délinquants : 1° qu'ils soient des délinquants primaires ; 2° qu'ils aient commis un délit de peu de gravité. Reprenons l'examen de ces deux conditions :

1° *Qu'ils soient des délinquants primaires* et par là M. Garçon n'entend pas seulement des délinquants qui comparaissent pour la première fois devant une juridiction répressive. Il entend des délinquants qui n'ont à leur passif qu'une seule infraction. Supposons par exemple qu'un individu ait, à plusieurs reprises, commis des infractions, mais qu'il ait été assez heureux ou assez habile pour ne pas se laisser prendre,

il n'en devra pas moins, même pour la première fois,
comparaître devant le tribunal correctionnel. Ce ne
sera donc pas seulement une condamnation anté-
rieure qui fera obstacle à la contraventionnalisation,
mais encore le cumul réel d'infractions.

Par excès de scrupule et pour bien montrer combien il est soucieux de ne pas énerver la répression
en soùmettant à un régime d'indulgente pitié des délinquants qu'il convient de traiter avec une légitime
rigueur, M. Garçon refuse expressément le bénéfice
de la loi nouvelle aux vagabonds, mendiants et sou-
teneurs. Cette catégorie de délinquants était cependant tacitement exclue déjà, puisqu'ils se trouvaient
nécessairement en état de réitération et qu'on pouvait relever contre eux outre le délit qui serait susceptible d'être contraventionnalisé celui de vagabondage ou de mendicité.

2° *Qu'ils aient commis un délit de peu de gravité.*
M. Garçon fait remarquer toute la difficulté que
présente la détermination *a priori* d'infractions qui
seront réputées peu graves, qui ne feront courir à la
tranquillité publique aucun danger sérieux, qui ne
révéleront chez leur auteur aucune perversité réelle.
Mais enfin le problème à résoudre est celui-là même
qui se pose au législateur. Toutes les fois qu'il fixe
une peine, il classe ainsi le fait incriminé parmi les
crimes, les délits ou les contraventions. M. Garçon
s'emploie à le résoudre avec beaucoup de soin et de
pénétration juridique.

a) Tout d'abord il pose une formule générale englobant tous les délits correctionnels prévus par le Code pénal ou par les lois spéciales et dont la peine n'excède pas un mois d'emprisonnement et 500 francs d'amende ou l'une de ces deux peines seulement. Il ne fait par là que sanctionner une pratique constante : quand un délit est puni d'une peine aussi légère, c'est qu'il n'est pas bien grave, le jugé s'associe à l'indulgence de la loi ; il ne prononce que des peines de simple police. N'est-il pas plus naturel alors de déférer de telles infractions au tribunal de la peine, au tribunal de simple police ?

b) Après cette formule générale, M. Garçon énumère des délits qui, bien que punis de peines supérieures à un mois d'emprisonnement lui paraissent susceptibles d'être contraventionnalisés :

1° Mettons de côté tout d'abord ceux des délits prévus et punis par des lois spéciales et qui sont pour la plupart des infractions exclusives de toute intention criminelle. M. Garçon en a dressé un tableau particulièrement précis et tout le monde, croirons-nous, souscrira à l'idée de soumettre à la juridiction du juge de paix des infractions qui non seulement sont peu graves, mais qui surtout (c'est pour nous la raison de décider) ne sont que des violations matérielles des dispositions légales, ne sont en réalité que des contraventions.

2° Et abordons de suite, avec M. Garçon, l'examen

de la seconde catégorie des infractions particulières
qu'il entend soumettre à la juridiction du juge de
paix : ce sont les vols, les escroqueries, les abus de
confiance, ainsi que les tentations punissables de ces
mêmes délits, s'ils n'ont eu pour objet qu'une somme
n'excédant pas la valeur déterminée de vingt-cinq
francs.

M. Garçon prévoit et écarte tout d'abord une objection qui vient tout naturellement à l'esprit. Par
eux-mêmes, ces délits dénotent chez leur auteur une
réelle perversité : un voleur doit être poursuivi, non
pas seulement parce qu'il a réussi à voler telle ou
telle chose, mais bien parce que c'est un voleur, c'est-
à-dire un individu auquel manque le sentiment élé-
mentaire de la probité. Le quantum du préjudice
n'est qu'un élément accidentel et variable avec les
circonstances : ce qui fait le voleur, c'est l'instinct
frauduleux auquel il obéit, ce n'est pas le quantum
de la somme dérobée. M. le professeur Garçon, sans
nier la gravité que l'objection pourrait présenter en
morale, ramène le débat sur le terrain pratique de la
gravité sociale de l'infraction. Il constate en fait que
les tribunaux correctionnels, quand ils sont en présence d'un individu qui pour la toute première fois
commet un vol de minime importance, considèrent,
d'accord avec l'opinion publique et avec le bon sens,
que cet individu n'ayant pas fait grand mal et en
étant à sa première infraction est de ceux auxquels

convient une pitié indulgente. En fait, et cela est décisif aux yeux de M. Garçon, l'expérience a parlé, la pratique a devancé la réforme, c'est une peine très atténuée que les tribunaux correctionnels prononcent pour ces vols de moins de vingt-cinq francs. Il est de bonne politique criminelle de se ranger à cette pratique, de ne point décourager en le déclassant celui qui n'a fait que céder — tout porte à le croire, et son caractère de novice et le peu d'importance du mal causé — à une tentation passagère. M. Garçon va jusqu'à déclarer que l'énergie de la répression serait plutôt renforcée si les victimes de petits larcins qui reculent actuellement devant les embarras et devant la gravité d'une poursuite correctionnelle savaient qu'elles peuvent poursuivre leurs voleurs sans trop de dérangements pour elles-mêmes et sans une disqualification irrémédiable pour ceux-là. L'excès de sévérité de la loi conduit à l'impunité, une opportune indulgence assurera la répression.

M. Garçon ne se dissimule pas d'ailleurs que la réforme aura pour résultat de soulever devant le juge de paix des questions juridiques d'une réelle gravité. Il faudra déterminer par exemple, dans certains cas, si le prévenu de vol a commis plusieurs vols, a réellement accumulé les infractions, ce qui exclurait la compétence du juge de paix, ou si, malgré la pluralité des faits qu'il a accomplis, on se trouve cependant en présence d'une infraction unique, en un mot, s'il y a unité ou pluralité de délits. Mais, dit-il, comment avoir la prétention de formuler des textes qui n'auraient pas besoin d'interprétation ?

M. Garçon ne se dissimule pas davantage, il éprouve même quelque inquiétude à constater la difficulté que rencontrera la pratique pour apprécier la valeur de l'objet du délit. Va-t-il falloir se livrer à une expertise et surtout, en admettant même que le voleur ait volé moins de 25 francs, va-t-il falloir rechercher s'il n'avait pas l'intention indéterminée de voler davantage ? Il faudra donc voir dans quelles conditions a été accompli l'acte coupable pouvant produire des conséquences diverses, préciser celles que l'agent a prévues et acceptées d'avance. Ce n'est pas tout : s'il s'agit d'une tentative, comment alors déterminer avec exactitude la valeur de l'objet que le voleur voulait s'approprier, valeur qu'il pouvait ignorer lui-même ? M. Garçon répond qu'en cas de doute, il faudra en revenir au droit commun et traduire le délinquant devant le tribunal de police correctionnelle. Le problème de la tentative est sans doute délicat, mais tout d'abord il ne peut s'agir de contraventionnalisation qu'en présence d'un vol simple, et la tentative de vol simple est fort rare. En l'absence d'escalade et d'effraction, celui qui a commencé à soustraire frauduleusement un objet va jusqu'au bout et le commencement d'exécution se confond ici la plupart du temps avec l'exécution. En tout cas, il sera infiniment rare qu'on ne sache pas, l'exécution du vol simple étant commencée, ce que le voleur voulait voler ; si par impossible on l'ignore, la compétence normale du tribunal correctionnel, étant donné le doute, reprendra le dessus. Et ce qui plus que tout le reste rassure M. Garçon, c'est que le Code pénal tient déjà compte pour plusieurs cri-mes ou délits de la valeur de la chose soustraite. C'est surtout que de 1811 à 1832 sans que le moindre embarras pratique s'en soit suivi, l'article 463 du Code pénal permettait d'accorder le bénéfice des cir-constances atténuantes seulement si l'étendue du préjudice causé ne dépassait pas 25 francs.

Il n'est donc ni juridiquement ni pratiquement ir-réalisable, il est humainement souhaitable que ceux qui en sont à leur premier pas dans la voie coupable et qui ne se sont engagés dans cette voie qu'avec une réelle timidité, qui n'ont pour ainsi dire fait qu'un faux pas, soient traités avec une indulgence qui ne deviendra de la sévérité, mais qui deviendra de suite de la sévérité, que s'ils persévèrent dans la voie dans laquelle ils se sont fourvoyés. Ce sont des égarés d'un moment, il faut leur ménager la possibilité de retrou-ver leur route.

3° Les délits contre les personnes vont offrir aussi à M. Garçon l'occasion de rencontrer à nouveau des délinquant qui se sont laissés aller à un égarement passager. Et c'est l'article 311 du Code pénal, celui-

là même que M. Cruppi faisait rentrer en son entier
dans la compétence du juge de simple police qui va
fournir à M. Garçon, mais dans une proportion plus
restreinte, l'occasion d'étendre la compétence pénale
des juges de paix.

Quelques mots d'historique sont ici nécessaires.
Sous l'empire du Code pénal, l'article 311 ne pré-
voyait que les coups et blessures ; les simples voies
de fait, sans coups portés, étaient des contraventions
et comme telles prévues et punies exclusivement par
les articles 605 et 606 du Code du 3 brumaire an IV.
En 1863, on a cru devoir élargir le domaine de l'article 311 et y faire rentrer les voies de fait. La Cour
de cassation estime cependant que la contravention
subsiste, concurremment avec le délit. Mais alors on
conçoit quelles difficultés il y a, étant donné que la
nature juridique de la contravention est dans notre
droit si mal précisée, à distinguer la contravention du
délit. Et si jamais, conclut M. Garçon, délit mérite
d'être contraventionnalisé, c'est assurément celui-là :
les violences et voies de fait sans gravité de l'article 311 deviennent donc une simple contravention,
les coups et blessures restent un délit. Mais pour celui qui devient coutumier de ces actes de brutalité,
de ces violences ou voies de fait, la sévérité s'impose
et en cas de récidive la juridiction correctionnelle
redevient compétente.

4° L'outrage public à la pudeur est encore un délit

qui, dans certaines circonstances, ne dénote aucune perversité réelle. Il faut distinguer avec soin, dit M. Garçon qui paraît bien ici, notons-le, tenir compte de la distinction qui sera la nôtre, entre les infractions qui ont pour objet d'assurer l'ordre, la sécurité ou la commodité et celles qui dénotent une réelle perversité morale chez leur auteur, il faut distinguer avec soin l'outrage public à la pudeur qui est contraire à la décence d'avec celui qui est contraire à la morale. Ce délit, en effet, comprend actuellement les actes les plus dissemblables ; il réprime tantôt des infractions qui sont d'une obscénité révoltante, mais tantôt aussi des manquements qui prouvent beaucoup plutôt une simple absence de précautions qu'une intention obscène. Quel parallèle établir entre celui qui se livre à l'acte contre nature le plus odieux en présence d'enfants et celui qui accomplit sans les précautions nécessaires certains actes qui n'ont pour défaut que d'être trop naturels !

5° Article 257 du Code pénal. M. Garçon formule à nouveau, à propos de cet article, une distinction entre les actes qui constituent un simple manquement au maintien de l'ordre et ceux qui supposent chez leur auteur de véritables instincts mauvais. Il propose de contraventionnaliser les dégradations prévues par l'article 257 du Code pénal lorsque les objets détruits, abattus, mutilés ou dégradés servaient uniquement à l'utilité publique. La peine n'est pas mitigée si l'objet détruit ou mutilé a été élevé pour la décoration publique. Quel parallèle établir en effet entre celui qui se livre au douteux plaisir d'entailler un banc de la promenade locale pour y inscrire son nom et celui qui par un acte de vandalisme coupable détruit un chef-d'œuvre ?

6° Usant toujours de la même distinction, et cette multiplicité des applications de la division des infractions en infractions contrevenant aux lois de police et en infractions violant les lois morales suffit à elle seule à prouver son importance, M. Garçon, perfectionnant en matière de délits ruraux le système de M. Cruppi, distingue avec autant de sagacité que de soin entre ceux de ces délits qui dénotent une intention perverse et ceux qui révèlent un manquement au respect nécessaire au bon ordre dans la localité.

Ayant ainsi déterminé celles des infractions qui, parce que commises par un délinquant primaire et parce que revêtant un caractère de gravité peu accusée méritent indulgence, M. Garçon, légitimement préoccupé du soin de se garantir du reproche d'énerver la répression, déclare que c'est seulement au point de vue de la compétence que ces infractions sont contraventionnalisées. Elles le sont en ce sens qu'elles sont justiciables de la juridiction de police, mais en ce sens seulement ; à tous autres égards, elles sont et demeurent des délits correctionnels. Commises notamment par un délinquant qui n'est plus digne de faveurs exceptionnelles, elles relèvent des tribunaux correctionnels. Les règles sur la récidive, sur le cumul, sur la prescription, sur la solidarité, sur la complicité et sur la compétence des tribunaux français pour juger les délits commis par les Français à l'étranger demeurent applicables. Quand on parle d'une quatrième classe de contraventions à créer, il faut bien s'entendre, on entend dire une classe d'infractions à soumettre exceptionnellement, malgré qu'elles soient des délits, à la juridiction du tribunal de simple police. M. Garçon s'en explique formellement dans l'article 3 de son projet (1) : « Ce sont, dit-il, au vrai sens du mot, des délits-contraventions. »

Cependant, M. Garçon, pour assurer le respect de la règle qui est, dit-il, d'une clarté française, de la règle que la compétence est fixée par la peine applicable, est amené à décider que ces délits ou contraventions seront punis des peines de police. Il convenait seulement, pour éviter d'affaiblir la répression, d'augmenter quelque peu la sévérité des peines de police. M. Garçon propose de fixer le maximum de l'emprisonnement à huit jours et celui de l'amende à 50 francs. Il ne verrait d'ailleurs qu'un inconvénient relatif à augmenter quelque peu cette sévérité, pourvu que fût respecté ce principe essentiel de notre

____

(1) *Revue pénitentiaire, loc. cit.*, p. 1028 et 1029.

organisation judiciaire que c'est la peine qui fixe la
compétence, que l'infraction que les lois punissent
d'une peine criminelle est un crime, que celle que
les lois punissent d'une peine correctionnelle est un
délit, que celle que les lois punissent d'une peine
de simple police est une contravention.

En résumé donc, tout en respectant les règles générales de notre droit répressif, M. Garçon parvient
à faire échapper toute une classe de délinquants qui
méritent faveur, par la double raison qu'ils n'ont
rien fait de grave et qu'ils n'avaient jusqu'ici rien
fait, au déclassement presque fatal qui menace ceux
qui se sont assis sur les bancs de la correctionnelle.
Il coopère à ce grand courant d'idées qui entraîne le
droit pénal moderne dans le sens d'une indulgence pi-
toyable aux premières fautes, contre-balancée par une
sévérité inexorable à l'encontre des vétérans de la criminalité. Il le fait, en confiant cette œuvre d'humanité
et de justice aux magistrats de paix, aux juges d'é-
quité dont il relève et grandit la fonction. Il le fait
sans rien sacrifier des principes fondamentaux de
notre organisation judiciaire et de notre droit pénal.
L'œuvre tentée est tout à la fois humaine et juste,
reste à savoir si elle est réalisable.

II. Critique du système. — Il demeure bien entendu que toutes les observations qui vont suivre ne
pourront recevoir leur application qu'en ce qui concerne celles des infractions se rattachant à l'exercice

du pouvoir pénal proprement dit, celles qui puisent
leur criminalité morale dans l'intention de l'agent,
celles qui visent des faits immoraux et nuisibles. Nous
tenons au contraire pour très heureuse la réforme
qui, s'agissant de l'exercice d'un pouvoir de police,
de la matérialité d'une infraction constituée indépendamment de toute question de bonne foi, dépouillée
de toute difficulté d'examen psychologique et moral
du délinquant, tend à reconnaître et à augmenter la
compétence du juge de paix.

En d'autres termes, nos observations ne s'appli-
queront qu'à celles des dispositions du projet de
M. Garçon qui concernent les vols, les escroqueries
et les abus de confiance soumis, parce que commis
par un délinquant primaire et parce que n'ayant occasionné qu'un faible préjudice, à la juridiction d'é-
quité d'un magistrat paternellement avertisseur.

Il faudrait bien se garder de croire que nous pré-
tendions, tombant ainsi sous le reproche de raison-
ner en métaphysicien et en moraliste, que le vol en
soi, parce qu'il est vol, doive nécessairement entraîner une note d'infamie et nous réclamons une indulgence toute particulière pour celui qui, succombant
aux entraînements d'un milieu familial qu'il n'a pas
choisi et dont il est victime, se laisse entraîner sous
des influences pour ainsi dire irrésistibles à commettre un larcin. Nous réclamons une indulgence toute
particulière et nous voudrions même un pardon com-

plet pour celui qui, pressé par les nécessités de la
misère, dérobe le bien d'autrui pour conserver sa vie
propre. Il ne s'agit donc pas de fermer la voie à une
législation empreinte d'humanité et de justice.

Mais ce que nous croyons impossible, c'est d'arriver à préconstituer une catégorie spéciale, une
classe privilégiée de voleurs dont on puisse dire à
l'avance : « Ce sont des voleurs relativement honnêtes. » C'est qu'en effet, selon nous, ce qui fait le voleur dangereux, ce n'est pas la nature du vol qu'il
accomplit, c'est la nature du tempérament qui le
pousse à l'accomplir. Il n'y a pas de mauvais livres,
a-t-on dit, il n'y a que de mauvais lecteurs ; nous
irions presque jusqu'à dire : « Il n'y a pas de mauvais actes, il n'y a que de mauvais auteurs. » Assurément s'il était possible de déterminer à l'avance
une catégorie de vols qui, quelle que soit l'espèce
proposée, puissent être dits bénins, les distinctions
proposées par M. Garçon ont été par lui si savamment posées qu'elles seraient parvenues à la déterminer. Mais nous savons que même un délinquant
primaire qui a commis un vol d'une minime importance peut très bien ne mériter aucune indulgence.

1° *Un délinquant primaire.* — Mais tout délinquant, fût-ce le pire scélérat, a été à une époque quelconque de sa vie un délinquant primaire et souvent
même un débutant malgré lui fort modeste. Il est en
effet mille causes différentes, les unes assurément

dignes de pitié, mais les autres complètement indignes de toute indulgence, qui poussent à délinquer pour la première fois. Il est des novices fort pervers. Est-ce l'inexpérience, est-ce l'esprit d'imitation, est-ce l'admiration pour la carrière et une vocation qui brûle de s'affirmer? Est-ce la misère, la paresse, la cupidité ? Sont-ce des habitudes de vagabondage? Est-ce le triste abandon dans lequel de trop nombreuses familles sont obligées de laisser leurs enfants toute la journée? Est-ce le mauvais exemple? Est-ce une absence totale du sens de la probité ? On peut très bien n'avoir jamais commis d'infractions, ne pas tomber sous l'application des lois pénales qui répriment la récidive ou même le cumul réel d'infractions et se trouver cependant, malgré que débutant, un individu fort dangereux. Il est des débuts de tout genre.

2° *Ayant commis un délit peu grave.* — M. Garçon exige que le vol commis n'excède pas la valeur de 25 francs. Il a été excellemment répondu par MM. G. Le Poittevin et Paul Jolly, juges d'instruction au tribunal de la Seine, et derrière la haute autorité desquels nous sommes heureux de nous abriter (1), que l'importance de l'objet volé était d'un intérêt secondaire quand il s'agissait d'apprécier la gravité sociale d'un vol. Il faut tenir compte des con-

______

(1) *Revue pénitentiaire,* loc. cit., p. 1041 et 1047.

ditions dans lesquelles s'est trouvé le voleur, du mobile qui l'a fait agir, de la situation dans laquelle se trouvait celui qui a été volé. Ainsi M. de Rothschild passe dans la rue et laisse tomber deux louis ; un individu les ramasse et les met dans sa poche, se disant : « Il n'ira pas les réclamer, qu'importe pour lui ? » Le préjudice atteint 40 francs, c'est pour M. Garçon un délit grave. Un escroc sans scrupule se disant qu'il n'y a pas de petits profits vole 5 francs à une ouvrière qui en a besoin pour vivre pendant la semaine. Il ne s'agit que de 5 francs, c'est pour M. Garçon un délit très léger, le juge de paix en connaîtra malgré l'immoralité des débuts de notre escroc.

Il y a plus : le brigandage urbain, dont M. Tarde nous a tracé l'inoubliable et pittoresque tableau (1), est la plaie des grandes villes. Comme tout métier, il comporte un apprentissage. Il s'organise des bandes de jeunes gens de 18 à 20 ans qui font voler des enfants de 12 à 15 ans. Ceux-ci défilent à intervalles suffisamment distants pour qu'un seul au plus puisse être pincé et dévalisent un à un les étalages. Si la voie est libre d'agents de police, les petits voleurs se réunissent et remettent les objets soustraits entre les mains du chef de bande qui, lui, se tient toujours à l'écart. Il arrive très fréquemment que le nombre des objets volés par tout le monde n'excède pas 7 à 8 fr. Le juge de paix va-t-il se trouver compétent ?

(1) *Philosophie pénale*, p. 286 et suiv.

Résumons-nous : il y a un commencement à tout ; un délinquant novice peut être un délinquant dangereux et, même si ses débuts ont été forcément modestes, il peut recéler en lui une force criminelle dangereuse qu'il importe de tarir à sa source.

Ce serait énerver la répression, selon nous, que de convier le juge de paix à une indulgence forcée envers des délinquants qui peuvent parfaitement être des gens dangereux, surtout quand on songe qu'il s'agit de fixer le maximum de la répression à huit jours de prison. La pénalité peut, dans certain cas, devenir dérisoire. On se plaint de l'abus des courtes peines ; est-ce le moment de les multiplier encore et d'en abréger la durée ? On se plaint que la prison n'a pas un caractère suffisamment intimidant, que beaucoup de malfaiteurs la considèrent comme une sorte d'hôtel de passage où ils trouvent le vivre et le couvert pendant quelques jours. N'est-il pas à craindre que le projet ne diminue sensiblement le pouvoir d'intimidation qui fait la force et l'utilité sociales de la prison ? Elle n'effraiera plus venant de ce distributeur d'indulgence parfois mal placée que sera devenu le juge de paix. On l'a dit excellemment, elle deviendra un déplacement et cessera d'être un épouvantail.

Tous les inconvénients de la proposition de M. Garçon viennent donc, selon nous, de ce qu'il a estimé possible de faire à l'avance une sélection entre les

grands, les moyens et les petits vols. Nous croyons
avoir montré qu'il n'y a pas de grands, de moyens
et de petits vols, il n'y a que de grands, de moyens
et de petits voleurs et peut être grand voleur, c'est-à-
dire voleur dangereux, celui qui commet un petit vol.
Et ainsi vont comparaître devant le tribunal de simple police, pêle-mêle, des individus qui sont dignes d'indulgence et des individus qui méritent rigueur.

M. le professeur Saleilles, se faisant le défenseur
du projet de M. Garçon, déclare que c'est précisément parce qu'il y avait œuvre d'individualisation à
faire qu'il l'avait vu confier volontiers au juge de
paix. Il écrit dans le numéro du mois de décembre
1903 du *Bulletin de la Société d'études législatives* :
« J'ai été séduit à l'idée de soustraire certains délits
aux préoccupations exclusivement juridiques qui
sont forcément celles d'un magistrat de carrière, pour
en remettre l'appréciation à quelqu'un qui fût plutôt
un *Judex* au sens romain du mot, et qui procédât au
jugement des matières pénales, plutôt avec la men-
talité d'un jury qu'avec la rigueur d'un jurisconsulte.
...Il est institué pour juger en équité... Lorsque la
loi le laisse libre de juger la criminalité d'un individu, il a qualité pour se placer aux points de vue les
plus intimes, les plus foncièrement psychologiques
ou même sociologiques, si l'on veut aller jusque-là,
sans se préoccuper des conditions objectives de la
criminalité juridique. »

Avant que d'apprécier sous son nouvel aspect cette tentative de justification de la proposition de M. Garçon, une observation préalable s'impose.

Il est certain que si l'on entend donner au juge de paix l'exercice d'une fonction qui lui permette de faire œuvre sérieuse d'individualisation, tout au moins faudrait-il lui laisser quelque liberté de se livrer à ses expériences psychologiques et sociologiques. Or, il est évident que si on lui donne pour tout pouvoir la faculté de prononcer au maximum 50 francs d'amende ou huit jours de prison, son champ d'application sera bien limité. Il n'y a qu'une hypothèse où peut-être ses investigations pourraient s'exercer, c'est quand il s'agit de mineurs. Mais précisément M. Saleilles lui-même prend soin de demander, et à combien juste titre selon nous, l'établissement de toute une réglementation générale nouvelle destinée à les soustraire aux formes des juridictions répressives. Voudrait-on d'ailleurs confier à un magistrat cantonal l'œuvre si complexe, si délicate, d'opérer à lui seul, loin des sociétés de patronage, loin des juges d'instruction qui emploient tout leur dévouement à la tenter, cette sélection si délicate à opérer, même avec l'aide de toutes les compétences et de tous les dévouements, entre les mineurs à soumettre à une éducation répressive et les mineurs à élever comme d'honnêtes enfants qui se sont trouvés placés par la fatalité des circonstances dans un milieu qui menaçait de les corrompre. Il n'apparaît pas en résumé possible d'espérer une œuvre d'individualisation sérieuse de la part d'un magistrat qui n'a pas à sa disposition les moyens efficaces de la réaliser.

Il faudrait donc les lui fournir. Convient-il de le faire ? C'est la question que nous voudrions maintenant brièvement examiner.

Assurément, il est séduisant de se représenter en esprit et en imagination un magistrat qui soit au civil un conciliateur bienveillant, rendant une justice simple, rapide, peu coûteuse, distribuant les sages conseils, accessible à tous, remplaçant la science approfondie du droit par l'intelligence, la rectitude du jugement et la droiture du cœur. Il est plus séduisant encore de se le représenter, jouant au criminel un rôle paternellement avertisseur, interposant des conditions de pitié et d'humanité entre les sévérités de la loi et le malheureux qui s'offre à lui coupable d'une première faute, connaissant parce qu'il vit au milieu des justiciables comme un père au milieu de ses enfants, les antécédents, le milieu domestique, les camarades du jeune inculpé, distributeur avisé et impartial des indulgences papales de la loi Bérenger et des lois de pardon. Ce serait le bon juge dans toute la force du terme.

Malgré tout ce qu'une pareille conception peut avoir d'idyllique et de séduisant, nous la rejetons au

criminel comme nous l'avons rejetée au civil. C'est
quand le procès civil commence, avons-nous dit,
c'est quand par exemple le débat possessoire s'engage
que les connaissances juridiques sont peut-être le
plus nécessaires. Il faut un homme de science et d'é-
tude, il ne faut pas livrer aux fantaisies d'un bon sens
variable avec les individus, d'une équité mobile avec
les tempéraments, le commencement des procès,
parce que là plus qu'ailleurs le commencement est la
moitié du tout. Ce qui est vrai en matière civile l'est
tout autant, sinon plus, en matière pénale. Pour arriver à reconnaître un tempérament criminel dans
ses toutes premières manifestations — et ce sont ces
premières manifestations qu'il importe avant tout de
saisir dès leur naissance — pour arriver à y décou-
vrir le germe criminel dont elles sont le symptôme,
il faut un coup d'œil, non point de brave homme, si
bien doué qu'on le suppose, mais de psychologue
exercé et qui soit entouré d'auxiliaires dévoués et
compétents. Et cette œuvre est d'autant plus délicate
qu'il s'agit de délinquants primaires et de petits délits, comme est plus délicate la tâche du médecin
quand les symptômes de la maladie ne se sont pas
encore accentués. Il est plus facile au juré qui se
trouve en présence d'une manifestation violente de
la maladie criminelle d'en tenter la guérison qu'il ne
le serait à un magistrat cantonal, seul, sans autre
appui que celui d'une raison légitimement inquiète,

de faire la sélection entre ceux qu'il faut flétrir, ceux
qu'il faut avertir, ceux auxquels il faut pardonner,
ceux qu'il faut menacer d'une peine simplement
conditionnelle ; et que l'on ne pense pas — la chose
venant de nous semblera d'ailleurs naturelle — que
nous entendions pour cela taxer le juge de paix actuel
d'incapacité, nous voulons dire, c'est tout autre
chose, qu'il n'est pas fait pour une besogne de psychologue ou de sociologue. Sa mission pénale, c'est
d'assurer l'ordre et la tranquillité dans son canton,
avec l'aide d'un greffier qui en connaisse les besoins
et d'un ministère public qui, vraisemblablement, ne
les ignore pas, puisqu'il est placé à la tête de la commune la plus importante du canton. L'œuvre est plus
simple et plus modeste. Pour être bien remplie, elle
n'est pas sans exiger de difficiles qualités.

Au surplus, ces réformes proposées auraient, outre les inconvénients d'ordre général que nous avons
mentionnés, des inconvénients d'un ordre plus
pratique et sur lesquels on nous permettra d'insis-
ter.

C'est qu'à faire comparaître ainsi devant le tribunal de simple police des individus qui peuvent être
des gens dont le contact pervertit, on dénature le caractère de ce tribunal. Il était jusqu'ici un tribunal
non déshonorant ; peut-être avait-on le tort de lui
laisser distribuer de la prison et eût-il mieux valu,
entrant dans une voie préconisée par M. le profes-

seur Garçon lui-même, le charger d'infliger des peines non déshonorantes. Mais, malgré ce léger défaut,
le tribunal de simple police était de ceux dont on
pouvait sortir condamné sans qu'on eût crainte, si
d'ailleurs on ne le méritait, que les honnêtes gens ne
continuassent à vous serrer la main : on était un
contrevenant. Si l'on vous y conduit en compagnie
de voleurs et d'escrocs, il est à craindre qu'il n'en
reste malgré tout quelque chose de fâcheux dans l'o-
pinion de beaucoup de monde. En tout cas, les justiciables éprouveraient une répugnance fort légitime à
se trouver à l'audience en une compagnie dont le
contact est toujours, à un certain degré, avilissant.

Toujours dans le même ordre d'idées pratiques, la
création d'une nouvelle catégorie de petits délits,
suivant l'étendue du préjudice causé, va aboutir à des
difficultés presque inextricables de compétence. Supposons en effet la réforme réalisée et que doivent
être conduits devant le tribunal de police les voleurs,
les escrocs, les auteurs d'abus de confiance, lorsque
le préjudice par eux causé, s'ils sont délinquants
primaires, n'excède pas 25 francs. On ne saura souvent qu'au cours même de l'audience, par les dépositions des témoins, par les nouvelles déclarations
de la victime, par les aveux peut-être du prévenu,
quel est l'exact montant du préjudice. Et cependant,
c'est ce montant du préjudice qu'il eût fallu connaître avant, afin de déterminer en connaissance de

cause la compétence. On suppose donc le problème
résolu pour déterminer la compétence, alors que
souvent il ne pourra l'être que par le procès. Nous ne
rappelons que pour mémoire toutes les difficultés
relatives à l'évaluation de la valeur réelle du préjudice, celles relatives à la solution de la question si
délicate de savoir si le délinquant n'avait pas l'intention, précise ou indéterminée, de commettre un préjudice plus fort. Ce sont là, comme on l'a fort bien
dit, questions analogues à celles qu'on relève en matière de crimes impossibles. Disons-le : ce sont les
questions les plus difficiles que présente le problème
de l'intention. Et si nous n'attendons pas du juge de
paix des qualités de psychologue ou de sociologue,
nous ne voulons pas exiger de lui davantage celles
d'un criminaliste assez sûr de soi pour trancher seul
les questions de droit pénal les plus épineuses.

Mais alors, dira-t-on, qu'attendez-vous donc de
nouveau de votre juge de paix, et dans quel sens
entendez-vous diriger cette extension par vous proposée de ses pouvoirs ? Nous ne pouvons mieux faire
pour répondre que de citer textuellement les paroles
prononcées par M. le professeur Garraud à la séance
de la Société des Prisons et de la Société d'Etudes
législatives du 11 novembre 1903 (1) : « Il est fâcheux
que d'honnêtes gens puissent être condamnés pour

(1) *Bulletin de la Société d'Etudes législatives*, année 1903,
p. 571.

certains délits de création légale, n'impliquant d'autre intention que celle de violer les lois de police, et prêter ainsi au personnel habituel de la police correctionnelle une de ces apparences de respectabilité à laquelle il n'avait pas été habitué. Il le serait davantage encore de donner à des voleurs, parce qu'ils en sont à leur première faute et que le préjudice causé ne dépasse pas 25 francs, le droit d'être jugés par le tribunal de police qui ne condamne d'ordinaire que de simples contrevenants. »

Et nous laissons à M. le professeur Vidal le soin d'en déduire lui-même les conséquences qu'elles renferment : « Il me paraît que l'extension de compétence devrait être dirigée du côté des délits non intentionnels ou contraventionnels, sur la nature desquels la jurisprudence a si longtemps hésité. Le juge n'ayant plus en cette matière à tenir compte de l'intention, de la bonne ou de la mauvaise foi du justiciable, n'ayant pas à faire de la psychologie, se préoccupant uniquement de la matérialité du délit, je ne verrais aucun inconvénient à voir s'étendre de ce côté les pouvoirs du juge de paix. »

En deux mots, rendons au domaine de la contravention ce qui est du domaine de la contravention, laissons du domaine du délit ce qui est du domaine du délit.

Séparons la contravention du délit. Cette séparation faite, montrons que nous aurons étendu la com-

pétence du juge de paix dans un sens qui sera con-
forme à la volonté de la loi, aux directions instinc-
tives de la jurisprudence, aux aspirations réelles de
l'opinion publique. C'est la tâche qu'il convient d'a-
border dans notre seconde partie.

CHAPITRE II

C'est à l'aide de la division des infractions en infractions intentionnelles et en infractions non intentionnelles que nous voudrions arriver à constituer la
catégorie des infractions qui doivent être normalement soumises à la compétence des juges de paix.
Nous l'avons déjà à plusieurs reprises répété. Et vo-
lontairement nous nous sommes gardé d'introduire
des précisions hâtives dans notre formule. Nous avons
parlé d'infractions au pouvoir de police de l'Etat,
d'infractions purement matérielles, d'infractions
contraventionnelles, d'infractions punies même commises de bonne foi, d'infractions violant des prescriptions légales ou réglementaires ; mais en vérité,
se borner à dire qu'il existe des infractions qui sont
constituées par le seul fait matériel de désobéissance
aux prescriptions de la loi ou de négligence à les suivre, indépendamment de toute intention criminelle,
de toute volonté malveillante, se borner à dire que la
contravention saisit le fait matériel en faisant com-
plète abstraction de la pensée qui a pu l'animer, c'est
à proprement parler se contenter de répéter sous une
autre forme que l'infraction intentionnelle est celle
où l'infraction préside et que l'infraction non inten-

tionnelle est celle d'où l'infraction est absente. Disons-le franchement : tout reste à dire parce que rien n'est dit. Il est des infractions non intentionnelles, mais pourquoi en existe-t-il ? Il est des infractions non intentionnelles, mais à quelles conditions une infraction revêtira-t-elle ce caractère ? Comment expliquer qu'une simple contravention, en elle-même beaucoup moins nuisible à l'ordre public qu'un délit ou qu'un crime, soit punie indépendamment du point de savoir si l'auteur a agi en le faisant exprès ou au contraire sans la volonté du résultat criminel ?

Des observations qui précèdent résulte la nécessité de la recherche d'un critérium de distinction entre l'infraction intentionnelle et l'infraction non intentionnelle.

Ce n'est pas tout. Il nous faudra montrer ensuite que la catégorie des infractions non intentionnelles dont nous aurons ainsi précisé le caractère fournira à la compétence du juge de paix un champ d'application qui se trouvera parfaitement en rapport avec la mission qui lui est dévolue d'assurer le bon gouvernement de son canton, d'être l'âme du gouvernement cantonal. Et quand nous disons que les infractions non intentionnelles seront reconnues devoir rentrer dans la compétence du juge cantonal, nous ne voulons pas dire qu'elles y devront rentrer toutes. Il nous restera à faire une sélection entre celles des infractions non intentionnelles dont la connaissance doit appartenir normalement au juge de paix et celles dont il serait sans compétence pour en connaître.

En sorte que, dans cette seconde partie du travail, notre tâche va se trouver double. En un premier paragraphe, nous nous efforcerons de rechercher le critère théorique qui sépare l'infraction non intentionnelle d'avec l'infraction intentionnelle. En un second paragraphe, nous montrerons que les caractères que revêtent les infractions non intentionnelles ou plutôt une certaine catégorie d'entre elles les rendent normalement justiciables des tribunaux de police.

§ 1er. — Critérium de distinction entre l'infraction intentionnelle et l'infraction non intentionnelle.

Avant que de procéder à la recherche spéculative d'un critérium distinctif, il nous paraît nécessaire de rechercher comment notre législation positive française, placée en face de cette difficulté, l'a résolue si toutefois elle a essayé de fournir du problème une solution quelconque.

Le procédé utilisé par la loi pénale française est d'une clarté et d'une simplicité vraiment spéciales. Notre législateur dresse une liste des actes qu'il entend défendre à peine de sanctions répressives. Et pour déterminer le plus ou moins de gravité de la peine qu'il entend leur infliger, il classe les infractions à ses commandements en trois catégories et les réprime en les châtiant de peines de gravités diverses. « Voilà des commandements à l'observance desquels je tiens tout particulièrement ; si vous les violez, vous commettrez un crime, êtes traduit devant la Cour d'assises et puni d'une peine criminelle. Voilà des commandements à l'observance desquels je tiens encore beaucoup ; si vous les violez, vous commettez un délit, êtes traduit devant la police correctionnelle. Voilà enfin des commandements à l'observance desquels je tiens sensiblement moins ; si vous les violez, vous commettez une contravention, êtes traduit devant le juge de paix et puni d'une peine de simple police. » Ce langage de la loi est très clair ; il est des actes défendus, y désobéir est peu grave, grave, très grave ; la peine est légère, plus forte, très forte.

Reste à voir si cette prétendue clarté ne résulte pas d'une conception simpliste ; reste à voir si la loi n'a pas fait comme ces gens qui, mis en présence d'une difficulté, s'imaginent l'avoir résolue uniquement parce qu'ils l'ont évitée en la considérant comme n'existant pas. Tourner un obstacle, ce n'est pas le franchir. Et qui procède de la sorte peut être assuré que tôt ou tard l'obstacle qu'il aura cru éviter se dressera à nouveau devant lui avec d'autant plus de fermeté que la difficulté se sera accrue, étant restée longtemps sans solution.

Or, précisément, notre législateur a eu beau con-
fondre en une seule et même catégorie les infractions
intentionnelles et les infractions non intentionnelles.
comme il existe entre elles, nous espérons le montrer, une différence non pas seulement de modalité
et de degrés, mais d'essence, comme ce sont des
infractions qui sont de nature essentiellement différente, à tout instant la nécessité de les séparer s'est
fait impérieusement sentir, les critiques doctrinales
les plus vives se sont élevées contre une législation
qui se refusait à distinguer parmi les désobéissances
à la loi celles qui étaient inspirées par un esprit véritablement immoral et nuisible d'avec celles qui n'é-
taient que la simple violation de prescriptions d'ordre purement légal et positif, et surtout, obéissant
comme toujours à un instinct très sûr qui la pousse
à donner satisfaction aux besoins réels de la pratique,
notre jurisprudence française, impuissante à empêcher le mal créé par cette confusion, s'était tout au
moins appliquée à l'enrayer dans la mesure du possible.

Sans doute, quand c'était le Code pénal lui-même
qui avait imposé aux infractions non intentionnelles
l'application d'un régime légal identique à celui des
infractions intentionnelles, la jurisprudence était
obligée de mettre sur la même ligne celui qu'on punissait parce qu'il l'avait fait exprès et celui qu'on
punissait sans qu'il l'eût fait exprès. Mais quand il

s'agissait d'infractions non intentionnelles prévues
par des lois spéciales, la jurisprudence profitait de
cette circonstance toute fortuite que c'étaient des lois
spéciales qui les réprimaient en les qualifiant du mot
contravention, pour décider que, fussent-elles punies
de peines correctionnelles, il convenait de leur appliquer le régime spécial que la loi applique aux contraventions. Comme si une pareille interprétation
n'était pas la violation manifeste du principe inscrit
en tête même du Code pénal « l'infraction que les lois
punissent de peines correctionnelles est un délit » !
(art. 1er).

Aussi cette jurisprudence qui s'était affirmée par
des arrêts répétés est-elle abandonnée, et par la
chambre criminelle de la Cour de cassation (1er arrêt,
Cass., 5 décembre 1872, S. 73.1.220 ; dernier arrêt
à notre connaissance, 13 mars 1897, D. 97.1.593) et
par la chambre civile de la même Cour (arrêt du
18 mars 1895, D. 95.1.156).

Ce n'est pas seulement un mouvement doctrinal
important, ce n'est pas seulement un mouvement de
jurisprudence imposant qui proteste contre la pro-
miscuité que notre législation impose aux infractions
non intentionnelles, confondues avec les infractions
intentionnelles. Mais c'est aussi notre Code pénal
lui-même qui, obéissant à une véritable nécessité,
applique aux contraventions qui sont pour la plupart
des infractions non intentionnelles, tout un régime

substantiellement distinct, les gouverne par des règles tout à fait spéciales. Pas de tentatives de contraventions, pas de complicité de contraventions, pas
de règles du non-cumul, etc., en un mot toute une
législation à part qui s'explique à merveille si l'on
est en présence d'infractions de nature différente,
qui ne peut plus s'expliquer si l'on est en présence
d'infractions qui ne diffèrent que par une nuance de
gravité. Le Code pénal le reconnaît lui-même implicitement, l'infraction non intentionnelle appelle un
régime qui lui soit propre. Comment le méconnaître,
alors qu'on la soumet, bien qu'elle présente un caractère moins anti-social que le délit, à une règle de
répression bien plus rigoureuse, puisque la preuve
de la bonne foi, toujours recevable en matière de
délit, ne l'est jamais quand il s'agit d'une contravention ? Notre législateur dit : « Le fait est beaucoup
moins grave et cependant vous ne pourrez pas invoquer pour vous excuser les mêmes moyens de non-
culpabilité. Vous n'avez fait que fort peu de chose et
cependant vous ne serez pas admis à justifier que vous
ne l'avez pas fait exprès. » N'y a-t-il pas là une véritable contradiction, et puisque le législateur lui-
même a traité de façon si différente les contraventions
et les délits, n'avoue-t-il pas implicitement leur différence de nature, et quel n'est pas son illogisme
quand il prétend peu après faire un délit d'une contravention qu'il punit de peines correctionnelles

(art. 175, 238 à 240, 249, 254, 319 et 320, 346, 358, 410 et 411, 413, 457 à 459, etc.), faire une contravention d'un délit qu'il punit de peines de simple police? (art. 471, nᵒˢ 9 et 11, 475, nᵒˢ 8 et 15, 479; nᵒ 9).

Aussi aurions-nous beaucoup souhaité que les auteurs de projets relatifs à l'extension de la compétence pénale des juges de paix appliquassent leurs efforts à la recherche d'un critère distinctif de la contravention et du délit. Non pas assurément qu'ils eussent pu se borner par après à rendre le juge de paix compétent pour toutes les infractions non intentionnelles, mais parce qu'il leur eût été alors relativement facile de choisir parmi les infractions non intentionnelles ainsi dégagées celles qui ressortissaient naturellement à la compétence du juge de paix.

Ils ne l'ont pas fait et cependant, nous l'avons vu, eux aussi ont été instinctivement amenés par la force des choses à conférer aux juges de paix le soin de statuer sur de nouvelles et nombreuses infractions non intentionnelles. Et même, nous le savons, c'était le désir de M. Darlan de voir proposer une réforme d'ensemble au lieu d'une réforme étroite et limitée, de voir enlever aux tribunaux correctionnels l'appréciation de faits contraventionnels et non délictueux. C'était aussi le vœu qu'émettaient MM. Cazot et Martin-Feuillée dans leurs projets de 1881 et 1883.

Tout nous porte donc à nous dégager de la con-

ception du législateur de 1810 : et l'involontaire distinction qu'il fait lui-même de façon confuse entre le
délit et la contravention, et tout un long mouvement
de jurisprudence qui ne s'est arrêté qu'à regret devant l'intransigeance d'un texte, et les vœux répétés
des auteurs des projets relatifs à l'extension de la
compétence pénale des juges de paix et toute une
aspiration doctrinale si parfaitement traduite par
MM. les professeurs Garraud et Vidal à la deuxième
séance consacrée à notre sujet par la Société des Prisons et la Société d'Études législatives réunies. Nous
ne pouvons résister au plaisir de citer, avant de nous
engager dans la voie où il le désire, les paroles si
fermes de M. le professeur Vidal : « Si un change-
ment devait être opéré dans la juridiction répressive des juges de paix, il me paraît que l'extension
devrait être dirigée du côté des délits non intentionnels ou contraventionnels sur la nature desquels la
jurisprudence a si longtemps hésité. Je verrais à cela
les avantages suivants : 1° séparation plus nette, con-
forme aux données de la science, entre les contraventions et les délits proprement dits : 2° enlèvement
à la juridiction quelque peu compromettante de la
police correctionnelle des auteurs d'infractions qui
n'ont rien de commun que l'importance de la peine
avec les délits correctionnels ; 3° extension normale
de la juridiction du juge de police en lui permettant
de prononcer des peines plus élevées, d'amende sur-

tout, et de juger un plus grand nombre d'infractions, ce qui dégagerait d'autant le tribunal correctionnel, mais sans changer le caractère de ses justiciables actuels et normaux. »

On voit les critiques qui nous obligent à laisser de côté la conception du Code pénal ; on voit le résultat meilleur à atteindre ; il reste, et c'est la partie vraiment la plus difficile de notre tâche, à essayer, du moins dans la mesure forcément insuffisante où nos forces le permettront, de trouver une distinction entre le délit et la contravention moins arbitraire que celle qui consiste à dire : « Si je frappe fort, c'est un délit ; si je frappe peu, c'est une contravention. » C'est à quoi nous allons nous employer, en utilisant les si remarquables travaux de MM. Prins, Durkheim et Garofalo. Une thèse signalée avec éloges par M. le professeur Garraud dans la dernière édition de son *Précis de droit criminel* (thèse Déprez, Paris, 1898) nous servira d'auxiliaire précieux. Nous nous inspirerons également des discussions qui ont eu lieu à Lisbonne en 1897, au Congrès de l'Union internationale de droit pénal.

Tout nous pousse donc à rechercher une différence véritablement qualitative entre les contraventions et les délits, et il s'agit d'essayer de dégager une formule qui parvienne à englober et à classer d'une façon rationnelle les divers actes par lesquels l'homme vivant en société se comporte de manière à s'attirer une sanction répressive. Dire combien les faits de la vie sociale sont mobiles, variables, compliqués, enchevêtrés les uns dans les autres, c'est bien faire pressentir que nous n'avons pas la prétention puérile d'arriver à un classement mathématique de ces multiples faits sociaux dont les infractions sont le reflet. Mille d'ailleurs l'ont déjà tenté : ce serait élargir démesurément le cadre de notre sujet que de rappeler leurs tentatives. L'étude des diverses théories tendant à établir une différence substantielle entre le délit et la contravention a déjà été faite, avec une clarté très exacte, par M. Déprez. Nous nous contenterons d'indiquer notre manière de voir en la rattachant aux précédents dont elle s'inspire.

Pourquoi existe-t-il donc certaines actions de l'homme qui sont érigées en infractions, même si elles sont accomplies sans que l'agent ait eu « la volonté du résultat » ? (selon la définition que M. Saleilles à son cours donne de l'intention). On peut bien dire que c'est à l'éminent criminaliste qu'était M. Ortolan qu'est due, sinon la conception scientifiquement précise, du moins l'intuition finement pénétrante de la véritable distinction à établir entre les délits et les contraventions. Jusqu'à lui, tous les criminalistes français répétaient : « La contravention est la plupart du temps non intentionnelle, le délit exige une volonté coupable. » Ortolan, tout le premier en France, reconnut la nécessité de rechercher rationnellement

pourquoi certaines infractions devaient être punies
malgré l'absence de volonté coupable : « On conçoit,
dit-il (1), 1° que les fonctionnaires, les préposés, les
citoyens eux-mêmes quand ils sont appelés à remplir
certains services publics, à faire certains actes, certaines déclarations auxquelles se rattache un intérêt
général, comme d'apporter leur témoignage en justice, de déclarer une naissance; aient relativement à
ces fonctions, à ces services ou à ces actes, une obligation plus rigoureuse et puissent être punis pour
les manquements même non intentionnels qui leur
sont imposés à ce sujet ; 2° par une raison semblable on conçoit que certaines professions qui exigent
des garanties, des connaissances ou une habileté
spéciales, des précautions à prendre parce que
dans l'exercice qui en est fait des intérêts majeurs
peuvent se trouver compromis, soient assujetties à
des règlements ayant pour but de sauvegarder ces
intérêts, et que les manquements même non intentionnels aux prescriptions de ces règlements soient
punissables par la loi ; 3° enfin un intérêt général ou
municipal de perception des impôts, de tranquillité,
de salubrité, d'ordre et de libre circulation, de con-
servation des monuments et des voies publiques,
des forêts, des eaux, du poisson et du gibier et tant
d'autres semblables spécialités, peuvent nécessiter des

______

(1) Ortolan, *Droit pénal*, t. I, n° 384.

règlements en fort grand nombre qui imposent à notre activité des obligations ou des restrictions dont la violation même non intentionnelle sera punissable. »

En bon *a prioriste* qu'il est, M. Ortolan a frayé une route. Il s'est trouvé qu'elle était la bonne, on l'a suivie et l'on en a peu à peu précisé les tenants et les aboutissants. Dans le même ordre d'idées, Carrara, dans son programme de cours de droit criminel, écrit avec une force de généralisation plus grande : « Le délit appartient au pouvoir pénal. La contravention ou transgression est au contraire du domaine du pouvoir de police ou de bon gouvernement. Entre ces deux pouvoirs, il y a un abîme. Le pouvoir de police ne procède que du principe d'utilité ; sa légitimité n'a pas d'autre fondement ; il n'attend pas pour agir un fait coupable ; il ne fait point partie du droit pénal. » Et le criminaliste italien termine par cette considération assurément beaucoup trop vague et qui prouve bien la difficulté de la démarcation à établir : « Il (le pouvoir de police) appartient au droit économique, considéré non plus comme un simple facteur de richesse, mais comme un facteur de civilisation. »

Combien plus précise n'est pas la conclusion déduite par M. Hauriou dans une note très brève mais très pénétrante, placée sous un arrêt du Conseil d'Etat du 8 mai 1896 (S. 97.2.113). « Notre système

répressif, dit-il, correspond en réalité à deux ordres
d'idées différentes et il eût été préférable peut-être
de consacrer à chacune des matières un Code séparé.
Les crimes et les délits sont des infractions contrai-
res à la fois à l'ordre juridique et à la morale ; les
contraventions sont des infractions qui ne sont con-
traires qu'aux règles de police. Or les règles de police n'ont qu'un rapport bien éloigné avec l'ordre
juridique et avec la morale : elles correspondent à
cette nécessité sociale : maintenir au moins provisoi-
rement un certain état de fait, alors même qu'il serait contraire à l'ordre ou à la morale ; le maintenir
de façon que l'ordre matériel ne soit point troublé
par des voies de fait, des violences, des accidents.
La police ne se préoccupe que du fait. Il en est de
même de la protection possessoire qui est au fond
une branche de la police ; dans la possession des
choses elle ne voit que le fait, elle cherche à maintenir l'état de fait contre les troubles, et il est possible
qu'elle soit employée à l'encontre du véritable propriétaire qui représente l'ordre juridique. Si donc
les règles de police ont pour unique objet le maintien
de l'ordre de fait, les infractions à ces règles doivent
aussi pouvoir être constituées par de simples faits
matériels, car les faits matériels ou les accidents
viennent déranger l'état de fait. »

Plus large, plus compréhensive, mais non moins
exacte et non moins précise est la démarcation que dans

son beau livre *De la division du travail social*, M. Durkheim établit entre les délits et les contraventions, plus
généralement entre les infractions qui dénotent une
intention perverse et les infractions qui sont réprimées malgré l'absence de cette intention perverse :
« L'empiétement des fonctions religieuses sur les
fonctions civiles, l'empiétement des autorités judiciaires sur les autorités administratives, la coalition
des fonctionnaires sont l'objet d'une répression qui
n'est pas en rapport avec l'indignation qu'ils soulè-
vent dans les consciences. Il arrive même que l'acte
puni ne froisse directement aucun sentiment collec-
tif : il n'y a rien en nous qui proteste contre le fait de
pêcher et de chasser en temps prohibé ou de faire
passer des voitures trop lourdes sur la voie publique.
Dans tous les cas de ce genre, la délictuosité ne dé-
rive pas de la vivacité des sentiments collectifs qui
sont offensés, mais reconnaît une autre cause. Il est
certain, en effet, qu'une fois qu'un pouvoir gouver-
nemental est institué, il a par lui-même assez de force
pour attacher spontanément à certaines règles de
conduite une sanction pénale. Aussi tous les actes
que nous venons de citer présentent-ils ce caractère
commun qu'ils sont dirigés contre quelqu'un des
organes directeurs de la vie sociale. » Partout où un
pouvoir directeur s'établit, il rentre dans sa fonction
de faire respecter les pratiques collectives nécessaires à son gouvernement. Voilà, croyons-nous, la

véritable formule qui peut servir, nous allons essayer
de le montrer, à séparer d'avec les délits les infractions qui sont réprimées bien qu'elles ne dénotent
pas chez l'agent une intention véritablement perverse.

Mais pour préciser la portée de cette affirmation,
il est indispensable de poser quelques principes généraux. Nous ne nous dissimulons pas qu'aux yeux de
beaucoup ils sont loin d'être à l'abri de la critique.
Mais enfin il faut bien dire d'où l'on part pour savoir
où l'on va. Et nous prions ceux qui trouveraient notre
point de départ faux de vouloir bien nous suivre
quand même dans la série des conséquences que nous
déduisons. Quiconque cherche la vérité de bonne foi
est sûr d'en trouver au moins quelque parcelle. Et
souvent cette parcelle est précisément la même
qu'aura rencontrée l'adversaire animé de la même
bonne foi. C'est en mettant en commun l'ensemble
de ces petites acquisitions faites de bonne foi qu'on
peut arriver, en dépit de toutes les divergences théo-
riques, à s'entendre pour la réalisation de résultats
pratiques. Ces réserves faites, nous croyons ferme-
ment que ce qui constitue la criminalité, ce ne sont
pas des actes extérieurs quels qu'ils puissent être,
c'est l'intime perversité de l'agent criminel. Et quel
acte, en vérité, n'a été à un moment quelconque tenu
pour parfaitement licite ? Evitons les développements
faciles : on doit renoncer à la possibilité de former un

catalogue de faits universellement haïs et punis en n'importe quel temps ou quel lieu. Mais, dira-t-on, ce même catalogue de faits punissables peut être dressé au moins pour notre époque et pour un état de civilisation donné. Les décisions de la conscience populaire que le jury traduit avec l'irréflexion et la spontanéité, mais aussi avec l'infaillibilité de l'instinct, attestent par leurs acquittements multiples que l'opinion publique se refuse à ratifier, même pour les actes réputés les plus graves, la qualification légale, afflictive et infamante que la loi leur confère.

C'est la perversité de l'agent qui se communique à l'acte et s'imprime sur lui. L'acte s'accuse alors comme symptomatique de cette perversité. A la vue de mauvais fruits, l'arbre est jugé mauvais. Mais c'est sa sève à lui qui est mauvaise et qui est cause qu'il donne de mauvais fruits. Il faut le greffer ou l'abattre. Bref, l'acte immoral et nuisible est celui qui révèle des sentiments pervers, qui provoque une réaction de la majeure partie des membres d'une société. Il émane d'un agent qui suscite par les manifestations d'une nature qui blesse les sentiments moraux de la conscience sociale une réaction tendant à l'éliminer ou à le contraindre à s'assimiler.

Ce point de départ une fois admis (et encore une fois nous ne demandons pas qu'on l'accepte, mais seulement qu'on l'admette comme possible), il nous est aisé de comprendre qu'il est des auteurs d'infrac-

tions qui soient punis encore bien que leurs actes ne
portent pas atteinte aux sentiments forts et précis
éprouvés par la conscience collective. Ce sont ceux,
nous empruntons la formule de M. Durkheim, qui
entravent le fonctionnement de l'appareil directeur
de la société.

C'est qu'en effet il importe grandement de distinguer l'atteinte à la société civile et l'atteinte à l'Etat,
à l'autorité extérieure qui la dirige. La société est un
fait naturel, le contact social est impérieusement ré-
clamé par toute la nature de l'homme. Son enfance
longue et faible, ses innombrables besoins physiques
et moraux, l'intelligence capable et avide de science,
le cœur capable et avide d'aimer, les devoirs envers
soi-même, les devoirs envers les autres, tout exige
que l'homme vive en relations étroites et constan-
tes avec ses semblables, tout exige que si l'un des
membres de la société est animé de sentiments in-
compatibles avec les nécessités de la vie collective,
la société elle-même, se sentant menacée dans la
source de son existence, réagisse vigoureusement.
C'est l'œuvre du droit pénal de contraindre les individus socialement dangereux à s'adapter s'ils ne veu-
lent être définitivement éliminés.

Mais d'autre part, la société qui renferme des mil-
lions d'individus de tout âge, de toute intelligence,
de toute moralité et qui doit indéfiniment et par des
moyens innombrables poursuivre pour ses membres

les conditions de bonheur inaccessibles à leurs efforts
isolés, est dans l'obligation d'organiser une autorité
qui lui permette de réaliser ses fins.

Cette autorité, ce mécanisme directeur, non plus
nécessaire à l'existence même de la société, mais
simplement destiné à assurer son meilleur fonctionnement possible, c'est l'autorité appelée de nos jours
Etat. Et assurément, celui qui nierait la nécessité
d'un appareil directeur et qui prétendrait qu'une
association aussi complexe peut accomplir son rôle
sans une autorité régulatrice, celui-là, l'anarchiste
par exemple, serait un être anti-social éminemment
dangereux.

Ce n'est pas tout : il faudra de plus que l'appareil
directeur n'éprouve aucune entrave à la liberté de
son bon fonctionnement, et celui-là qui gênerait la
marche régulière de cette grande machine qui tra-
vaille dans l'intérêt de tous en devrait être empêché.
Mais qui songerait à lui reprocher une perversité
quelconque si toutefois ses récidives n'étaient pas si
nombreuses qu'on ne finisse par penser que de si
répétés manquements aux prescriptions réglementaires dénotent un véritable mauvais esprit social ?
Sauf ce cas très particulier, on le traitera en gêneur
qu'il est urgent de contraindre, sans d'ailleurs qu'il
y ait à se soucier de sa bonne ou de sa mauvaise foi,
à ne pas sortir ainsi du rang que lui fixent les nécessités de la discipline. C'est un importun, ce n'est pas

un être dangereux dont il convienne de réfréner les
tendances. Nul péril social n'est ici causé par une
volonté méchante se traduisant par des actes dangereux : il s'agit uniquement d'un fait qui, même s'il
n'est pas le produit d'une mauvaise intention, constitue une entrave au bon gouvernement de la nation.
Il faut de toute nécessité que les rouages qui assurent
le service public fonctionnent aussi régulièrement
que possible. Qui les empêchera de fonctionner sera
puni, si l'on veut dire par là châtié, mais non pas
flétri. Cette distinction est si rationnelle qu'elle se
produit d'elle-même dans toutes les agglomérations
humaines un peu nombreuses. Au régiment, on con-
signe mais on ne traduit pas en conseil de guerre le
soldat maladroit ou négligent ; à l'école, on répri-
mande ou on corrige légèrement les enfants étourdis,
mais on renvoie ceux qui sont animés d'un mauvais
esprit ; à l'atelier, on met à l'amende le retardataire,
mais on ne l'exclut pas ; dans la famille, il y a lieu de
distinguer la correction domestique qui atteint le
petit indiscipliné d'avec l'exercice du droit de correction réservé pour le mauvais fils. Est-il donc impossible de distinguer dans la plus grande société le
mauvais sujet, le délinquant d'avec le maladroit,
l'importun ou le contrevenant ?

Nous croyons donc fondée notre distinction entre
l'atteinte portée à l'ordre moral et l'atteinte portée
à ce que M. Durkheim appelle l'appareil directeur

de la société. C'est, en deux mots, la séparation
nécessaire entre la forme variable et contingente
que revêt l'autorité en un temps et en un lieu donné
et les principes de fond nécessaires à l'existence même
d'une société quelconque.

Mais il nous faut quitter ces sommets quelque peu
nébuleux et revenir avec notre paragraphe 2 dans
notre canton. Il est moins éloigné qu'il ne le paraît.
Nous allons conclure, on le devine, qu'il convient
d'attribuer aux juges de paix celles des infractions
qui portent atteinte au bon fonctionnement du gouvernement cantonal. Nous ferons ainsi de lui, selon
le vœu de Gambetta, l'âme de ce gouvernement cantonal, et notre critérium théorique se trouvera ainsi
du même coup correspondre aux tendances actuelles
de la pratique.

§ 2. — **Des infractions non intentionnelles rentrant normalement dans la compétence du juge de paix, considéré
comme juge de simple police.**

L'étude qui précède nous permet, croyons-nous,
d'affirmer qu'il y a lieu d'établir une distinction fon-
damentale entre ceux des délinquants dont la conduite blesse les sentiments moraux éprouvés par la
moyenne des membres de la société et ceux qui entravent par leur attitude gênante le bon fonctionnement de l'appareil directeur de la société. Les uns
méritent d'être flétris : ils provoquent une réaction

sociale qui tend à les éliminer ou à les contraindre à s'assimiler. Les autres méritent d'être empêchés, sans que nul songe à les flétrir.

Mais assurément, il ne peut être question d'attribuer en bloc au juge de paix la connaissance de toutes les infractions qui ne dénotent chez leur auteur aucune perversité réelle.

Voilà un criminel politique. Il n'est pas animé d'instincts anti-sociaux. Loin de là, il est plutôt peut-être trop social : il rêve par anticipation l'établissement d'une forme supérieure de société. S'il voulait la suppression de tout organisme directeur, son rêve anarchiste le mettrait hors la Société : la légitime défense justifierait l'application de mesures exceptionnelles. Mais celui qui veut non pas supprimer tout appareil directeur, mais seulement le remanier, le modifier, celui-là est un individu qui n'est dangereux que pour ses adversaires, mais qui peut remplir une mission sociale utile, qui, en tout cas, mérite d'être empêché et non d'être flétri. Est-il besoin de dire que le délinquant politique relève d'une Haute Cour de justice, de la Cour d'assises ou de l'opinion publique, et non pas du juge de paix ?

De même, lorsque nous exerçons notre activité, nous devons éviter dans nos rapports avec nos semblables d'occasionner des préjudices par notre négligence ou notre imprudence. Et même, parmi ces préjudices, il en est de tellement graves, qui causent

à la vie en société des troubles si considérables, que
malgré l'absence de toute mauvaise intention de notre part une sanction pénale s'impose, surtout à titre
d'exemple. La vie de l'homme doit être si chère aux
autres hommes qu'une peine frappe légitimement
l'homicide involontaire. Sans doute, l'auteur est coupable d'avoir voulu un acte sans en prévoir les conséquences possibles ; sans doute on peut lui reprocher
son omission volontaire de la diligence qui était nécessaire pour en éviter les suites préjudiciables ; sans
doute, assez souvent même, il aura eu pour ainsi
dire, quelque sentiment vague d'agir injustement;
mais parfois aussi sa culpabilité sera bien diminuée,
n'existera pour ainsi dire pas. Il n'importe : il sera
punissable. Mais cette catégorie d'infractions, précisément à raison des recherches d'intention parfois
très complexes qu'elles impliquent, à raison aussi de
la gravité du résultat qu'elles déterminent, échappe
à la compétence du juge de paix.

A plus forte raison en sera-t-il de même pour celles des infractions qui, suivant l'intention qui préside
à leur perpétration, dénotent ou non une réelle perversité. Prenons, par exemple, l'outrage public à la
pudeur. Tantôt ce délit accuse un simple oubli des
précautions nécessaires au maintien de la décence
extérieure, tantôt il révèle une corruption morale
profonde. Il convient, selon nous, de ne soumettre
au juge de police que les infractions qui, même com-

mises en le faisant exprès, ne dénotent jamais une
intention réellement perverse. La possibilité de
l'existence d'un délit suffit pour qu'on enlève au magistrat cantonal une compétence qui implique la solution d'une question d'intention.

Nous avons jusqu'ici éliminé de la catégorie des
délinquants non pervers ceux dont la non-perversité
de l'intention dépendait des circonstances aussi bien
que ceux qui portaient atteinte à la direction générale et suprême de l'Etat.

Et cette série d'éliminations nous a permis de dégager les infractions qui méritent la qualification
technique de contraventions de police. Nous sommes
ici en présence d'agents qui ont porté atteinte à la
bonne administration du pays, qui l'ont empêchée de
pourvoir utilement aux divers intérêts communs de
la population. Moralement indifférentes en elles-
mêmes, les actions ou inactions dont il s'agit désor-
mais n'apparaissent comme justement punissables
que si l'on fait intervenir cette idée de l'intérêt commun des populations au milieu desquelles les individus sont placés et des liens de droit qui les astreignent
envers ces populations. Et de là vient pour les prescriptions qui les concernent le nom de prescriptions
de police, et pour les infractions celui d'infractions de
police.

Ce n'est pas tout, une dernière élimination s'impose. Elle nous permettra de préciser, en le limi-

tant, le rôle qu'il convient, selon nous, d'attribuer au magistrat de police.

C'est que parmi ces nécessités de la sauvegarde des intérêts communs, il en est qui se réfèrent aux intérêts généraux, aux besoins de tout le pays, qui s'étendent à tout le territoire. Qu'un imprudent, par exemple, sous couleur de patriotisme, se livre à un acte hostile envers un pays étranger et expose l'Etat à une déclaration de guerre (C. pén., art. 84), on conçoit aisément que, ne fût-il pas délit ou crime d'imprudence, un pareil acte devrait encore être soustrait à la compétence du juge de paix. Même solution pour le gardien qui laisse s'évader un détenu ; pour les dépositaires publics qui laissent soustraire ou détruire les papiers des archives, etc. Il importe que le juge de paix, s'il veut devenir l'âme du gouvernement cantonal, voie ses attributions se localiser, se régionaliser. Il faut séparer celles des infractions qui portent atteinte aux intérêts d'une bonne administration du canton d'avec celles qui mettent en jeu des intérêts d'un ordre supérieur à ceux de la circonscription cantonale. C'est la police du canton qui est confiée à la bonne garde du juge de paix.

Mais il faut nous entendre sur le sens à donner au mot *police* que nous avons employé ici pour la commodité du langage. Quand nous avons parlé de prescriptions de police, d'infractions de police, de ma-

gistrat de police, de police cantonale, nous n'avons
pas voulu dire que le juge de paix devait être compétent uniquement pour statuer sur les infractions
de police municipale. Et sans doute les contraventions doivent frapper ceux qui sont spécialement
rebelles au pouvoir de réglementation locale qui agit
pour le maintien de l'ordre, de la sécurité, de la
tranquillité, de l'hygiène dans la cité. Et sans doute
encore ces contraventious de police municipale for-
meront pour ainsi dire le type, le noyau de la catégorie des infractions soumises à la compétence du
juge de paix. Mais elles ne la composent pas tout
entière. Il faut dire, selon nous, que, du moment où
l'infraction met hors de cause la question d'intime
perversité de l'agent, où elle consiste dans une simple inobservation de la loi, elle doit être en principe
soumise au magistrat de police, à moins que sa répression n'exige une peine dont l'impression se répercute au delà des limites du canton. Il est possible
que ce soit un intérêt de l'Etat qui soit lésé : qu'importe si l'effet n'est que local, s'il ne réclame qu'une
peine à impression locale ? Qui doutera qu'un délit
de voirie commis sur une route nationale ne soit de
la compétence du juge de paix ? C'est au législateur
à apprécier où commencent l'effet et l'importance
générale, ou seulement l'effet et l'importance locale.
Et l'on n'attend pas de nous assurément que, nous
enfonçant dans le dédale de la classification, nous

reprenions une à une chaque action punissable pour déterminer, selon ses caractères spécifiques, s'il convient d'en confier la répression au juge de police. Quelques observations générales cependant montreront la possibilité d'application de notre critérium de distinction :

1° Avec un parfait bon sens, notre législateur de 1810 a, de lui-même, classé dans la catégorie des infractions qui relèvent de la compétence du juge de paix des infractions qui sont presque toutes non intentionnelles et dont l'importance ne se répercute pas au delà de la circonscription cantonale. Il s'agit d'assurer dans chaque commune l'ordre, la sécurité et la commodité des habitants. Citons au hasard, *Contravention de 1re classe :* défaut d'entretien ou de nettoyage des fours et cheminées, violation de la défense de tirer des pièces d'artifice, défaut d'éclairage et de nettoyage des rues, embarras de la voie publique et non-éclairage des matériaux ou excavations, inobservation des règlements sur la petite voirie, édifices menaçant ruine, jet ou exposition de matières nuisibles, etc. *Contraventions de 2e classe :* bans de vendanges, obligations des rouliers et conducteurs de voitures, divagation des fous, des animaux malfaisants ou féroces, etc. *Contraventions de 3e classe :* bruits et tapages injurieux ou nocturnes, enlèvements de gazons et terres, etc.

2° Mais cependant, précisément par suite d'un dé-

faut de critérium précis, il s'est glissé dans la liste
des contraventions certaines infractions intentionnelles. Des vols de récoltes sont déférés au juge de
paix, ainsi que certains dommages volontaires à la
propriété mobilière d'autrui. Or, ces vols et dommages présentent les mêmes caractères que ceux qui
sont considérés comme délits ; ils peuvent en outre
être tout aussi préjudiciables. Il suffit pour le dé-
montrer de citer le fait d'un individu qui s'était, il y
a quelques années, introduit dans les dépendances
d'une gare du réseau des chemins de fer du Nord,
avait lacéré tous les coussins d'un wagon de première
classe dans lequel il avait passé la nuit, et qui ne pût
être poursuivi devant le tribunal correctionnel qu'en
raison de la contravention à la police des chemins de
fer qu'il avait commise en s'introduisant dans l'en-
ceinte de la voie ferrée. Le dommage à la propriété
mobilière de la Compagnie du Nord n'était, malgré
l'importance du préjudice causé, l'intention évidem-
ment coupable de l'auteur du fait, qu'une contravention de simple police connexe avec la précédente
qui, elle, ne supposait aucune intention mauvaise et
cependant était réprimée comme délit correctionnel.
Nous avons choisi cet exemple parce qu'il nous offre
l'image tout à la fois d'une contravention soumise aux
tribunaux correctionnels et d'un délit soumis aux
tribunaux de simple police.

Il ne faut rien exagérer cependant ; il est bien cer-

tain que le droit ne peut songer à dérouler la série
de ses conséquences avec la rigueur des sciences ma-
thématiques. Et nous ne blâmons pas le Code pénal
d'avoir attribué aux juges de paix la connaissance de
quelques délits peu graves, des faits de maraudage
par exemple. Il est nécessaire, pour qu'il y ait infraction de la compétence du juge de simple police, que
la consommation ait lieu sur place : il y a là une suffisante garantie du défaut d'intention perverse.

Même nous proposerions avec M. Garçon de donner
compétence exclusive au magistrat cantonal en ce
qui touche les violences et voies de fait légères qui
n'auraient laissé aucune trace.

3° Mais c'est surtout aux infractions non intentionnelles qui se trouvent déférées au tribunal correctionnel soit par le Code pénal, soit surtout par
les lois spéciales postérieures, infractions qui ne
portent atteinte à aucun intérêt dont l'importance
déborde les intérêts cantonaux, qu'il convient de s'attacher. En ce qui touche les lois spéciales, on se rap-
pelle les tentatives faites par la jurisprudence et sa
théorie des délits-contraventions ; il y aurait lieu de
légaliser sa tentative. Il faudrait à cet effet — et le
tableau dressé par M. le procureur de la République
Dumas (1) serait à cet égard du plus grand secours
— rechercher parmi les délits prévus et réprimés

(1) *Bulletin des Prisons*, année 1903, n° 7, p. 1030.

par ces lois spéciales ceux qui seraient vraiment susceptibles d'être contraventionnalisés parce que : 1°
non intentionnels et 2° ne présentant pas une importance supérieure à la sphère d'intérêt de la circonscription locale soumise à la juridiction du juge de
paix.

En ce qui concerne le Code pénal, les propositions
de MM. Cruppi et Garçon nous fourniraient de fort
utiles indications pour nous permettre de distraire
de ce Code celles des infractions non intentionnelles
et d'intérêt local qui s'y sont subrepticement intro-
duites et qui sont la cause d'une véritable confusion
dans les matières soumises à la compétence des tribunaux correctionnels. Mais, là encore, cette tâche
demanderait un grand discernement. Nous approuvons pleinement M. Vidal de conférer aux juges de
paix compétence relativement aux infractions concernant le séjour des étrangers : ce sont là des mesures de recensement local. Nous approuvons de
même la fort pratique distinction que M. le professeur Garçon propose d'introduire au sujet des dégradations prévues par l'article 257 du Code pénal :
elles sont toutes actuellement de la compétence des
tribunaux correctionnels. M. Garçon propose de les
lui conserver si l'objet mutilé ou détruit a été élevé
pour la décoration publique, de les lui enlever au
contraire si les objets détruits, abattus, mutilés ou
dégradés servaient uniquement à l'utilité publique.

Si l'on envisage de même le groupe si nombreux des lois spéciales qui prévoient des infractions fiscales (douanes, octrois, contributions indirectes, postes et télégraphes), des distinctions analogues et parfois très délicates s'imposeront. Assurément, les mesures qui consistent à frapper d'un droit d'entrée certaines marchandises, à réserver à l'administration le monopole du transport des lettres, à exiger pour l'accomplissement de certains actes ou de la part d'une certaine catégorie d'individus le paiement de quelques taxes, ces mesures ne sont que des prescriptions de pur droit positif, et leur violation est punissable bien qu'elle ne témoigne d'aucune criminalité propre. Mais il se peut cependant — et les infractions douanières et des contributions indirectes sont dans ce cas — qu'il s'agisse d'entraves portées à des intérêts qui sont communs à l'ensemble des habitants du pays : la perception régulière de l'impôt sur tous les points du territoire intéresse tous ses habitants. La contravention postale, au contraire, commise sur place produit seulement sur place une gêne, un désordre. Le service des postes est aux mains de l'Etat ; mais, après tout, c'est en soi, un service qui touche à des intérêts particuliers et privés ; y contrevenir, ce n'est pas troubler l'administration centrale dans la bonne gestion des intérêts communs à tous les habitants du pays sans exception. Nous ferions donc rentrer dans la compétence du juge de paix toutes les contraventions postales qui ne peuvent dénoter aucune perversité réelle chez leur auteur (1).

Nous ne pousserons pas plus loin ces tentatives d'application pratique de notre criterium ; nous croyons en avoir dit assez pour avoir facilité, au moins dans une certaine mesure, un classement des infractions qui ramène le tribunal correctionnel à son véritable rôle et évite aux auteurs de simples contraventions les ennuis, les promiscuités et les frais d'une comparution correctionnelle ; qui, d'autre part, augmente dans des proportions normales la compétence des juges de paix, étendue à toutes les infractions non intentionnelles qui troublent leur canton.

Il va de soi, selon nous, que du moment où le caractère non délictuel de toute contravention serait reconnu, il conviendrait, sinon de supprimer la peine

(1) C'est ainsi qu'il y aurait lieu de distinguer, selon nous, entre les faits véritablement délictueux tels que l'emploi de timbres-poste frauduleux, la déclaration frauduleuse de valeurs supérieures à la valeur réellement insérée dans une lettre, etc... et les simples contraventions telles que l'insertion dans des paquets ou colis de lettres de particulier à particulier, de négociant à négociant, le transport à découvert de lettres ou notes de correspondance par un entrepreneur de transports, etc. L'administration des postes fait elle-même cette distinction : elle prescrit à ses directeurs de refuser toute transaction sur les infractions de la première catégorie, tandis qu'elle les autorise, qu'elle les invite même à proposer aux contrevenants pour les infractions de la seconde catégorie une transaction dont les conditions sont déterminées, d'après la nature des objets saisis et la manière dont ils ont été transportés, suivant un tarif approuvé (Voir sur tous ces points le *Manuel postal* de M. Adrien Frault, 6e édit., chap. 1er, « Contraventions », p. 37 à 146).

privative de liberté, du moins de lui donner une organisation et un caractère non déshonorants. Et ainsi la conception de M. le professeur Garçon, relativement à l'établissement de peines ou même d'infractions non déshonorantes, trouverait une nouvelle application.

Aussi bien nous refuserions-nous à considérer les infractions soumises au juge de paix comme étant constituées par de simples faits matériels. En vain M. Hauriou les envisage-t-il comme de purs accidents dérangeant un état de fait au même titre que les actes coupables et approuve-t-il une décision du Conseil d'Etat (S. 97.113) punissant un fou qui avait commis une contravention de grande voirie. C'est à l'organisation des rouages directeurs de la société que le contrevenant porte atteinte par le trouble causé à l'ordre, à la sécurité, à la tranquillité, au bien-être de la circonscription cantonale. A la base de toute contravention se trouve l'idée de faute, l'idée de négligence ou d'imprudence. Assurément, le contrevenant n'est pas fondé à alléguer sa bonne foi. Il serait mal venu à prétendre qu'il ignorait la loi : il la devait connaître. Il serait même mal fondé à soutenir qu'il ignorait l'existence de l'acte contraventionnel, qu'on lui avait mis par exemple une arme prohibée dans ses bagages : il lui appartenait d'en vérifier l'état. Mais la contravention implique au moins, ou que l'on a voulu le fait, ou si on l'ignorait

qu'on était en faute de l'avoir ignoré. Elle couvre le
délinquant d'une présomption de faute qui n'est pas
irréfragable, qui tombe devant la preuve, par lui
fournie, d'un cas de force majeure. Le criminel, le
délinquant sont des hommes pervers qui portent
atteinte aux règles constitutives du pacte social ; le
contrevenant est un imprévoyant qui gêne par sa
maladresse le bon fonctionnement du mécanisme
directeur de la société. Mais si le trouble apporté à
la société l'a été de manière à ce que celle-ci ne
puisse faire grief à son auteur d'aucune mauvaise foi
ni même d'aucune négligence, il lui appartient, selon
nous, d'en assumer le risque.

Vu :
Le Président de la thèse,
RENÉ JACQUELIN.

Vu :
Le Doyen,
GLASSON.

Vu et permis d'imprimer :
Le Vice-Recteur de l'Académie de Paris,
L. LIARD.

TABLE DES MATIÈRES

Imp. J. Thevenot, Saint-Dizier (Haute-Marne)

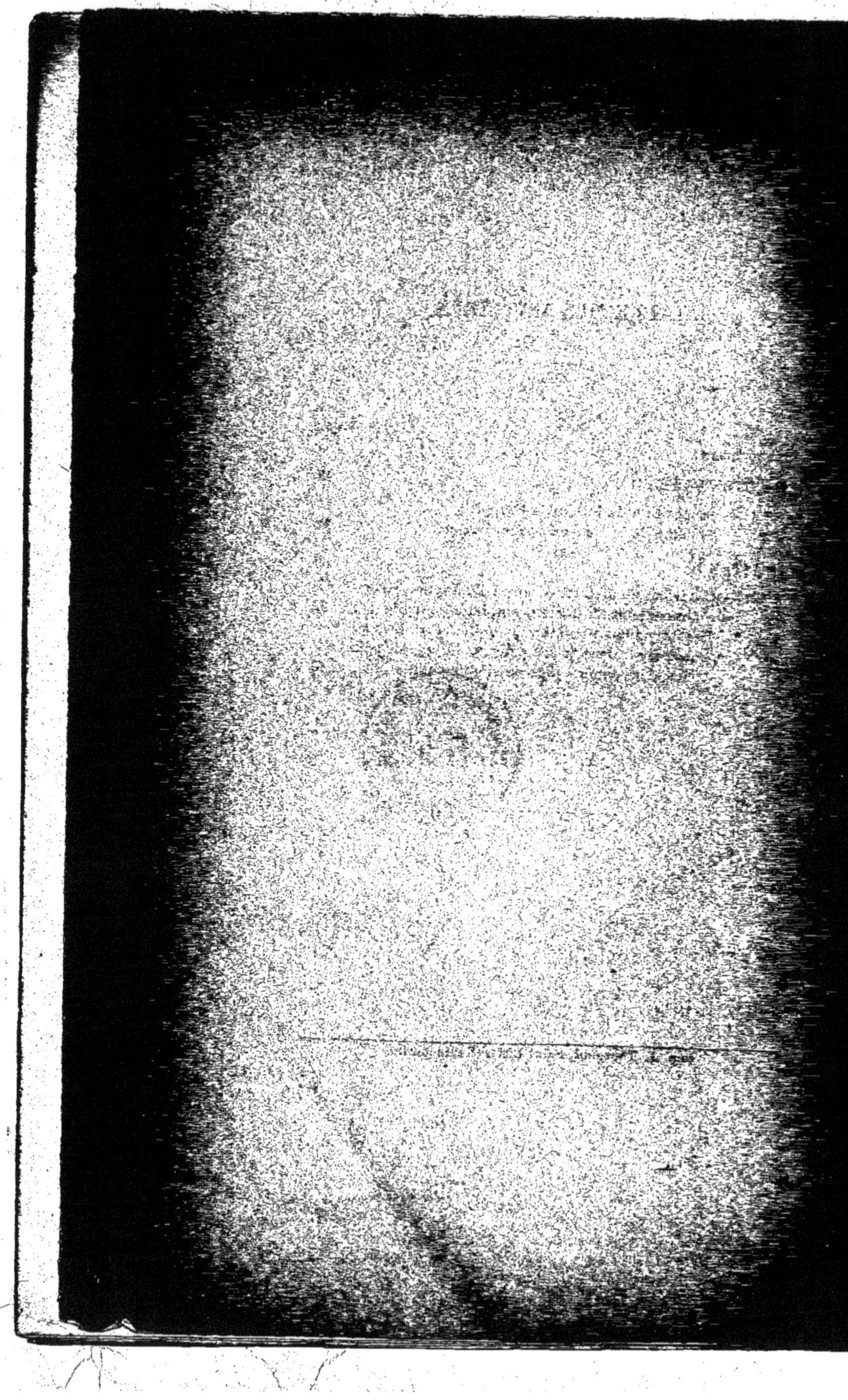

www.ingramcontent.com/pod-product-compliance
Ingram Content Group UK Ltd.
Pitfield, Milton Keynes, MK11 3LW, UK
UKHW022102070726
13613UKWH00002B/910